PITCHING
피칭

백상훈·김유진

PITCHING
피칭

2023년 4월 24일 펴냄

펴낸이 이근욱
펴낸곳 DREs

지은이 백상훈 김유진
홍보마케팅 설현민
편집 최지애 김민서
디자인 이인영

출판등록 2015년 6월 24일
등록번호 제2020-000041호
주소 서울시 동작구 서달로 161-1 3층
전화 02-817-5051
팩스 02-817-5052
SNS www.facebook.com/darangeostory
이메일 drestory@naver.com

ISBN 979-11-981471-8-9 13320

* 값은 뒤표지에 있습니다.

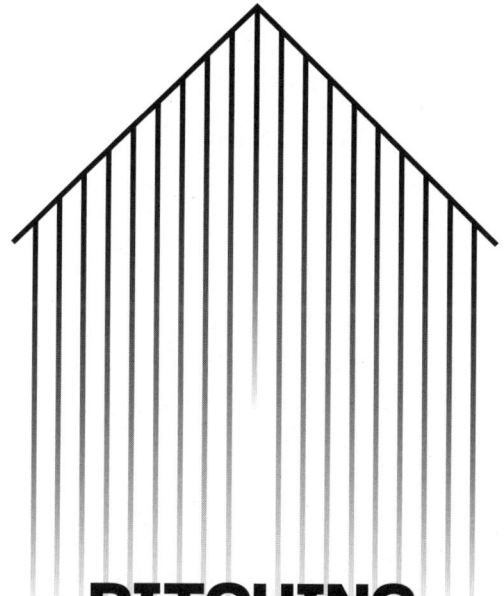

PITCHING
피칭

백상훈·김유진

Intro
이야기가 이야기를 만든다

이야기에 집중한 기업이 성공한다는 법칙은 누구나 알고 있다. 하지만 이야기를 어떻게 만들어야 하는지 아는 스타트업은 드물다. 저자는 액셀러레이터로 오랫동안 활동하며 가장 가까이에서 스타트업의 성장을 도왔다. 성장하는 기업의 비밀이 스토리텔링에 있다는 것을 일찍이 간파했고, 새로운 스타트업에게 이야기를 만드는 전략을 전수해왔다.

이야기가 있는 기업이 되어야 한다. 이야기의 시작은 관계에 있다. 관계를 맺는다는 것은 서로를 이해하고, 마음을 열고, 믿음을 쌓아나가는 과정이다. 사랑하는 사람, 마음을 터놓는 친구, 이런 관계에서 이야기가 만들어진다. 나를 사랑해주는 사람을 어떻게 만날 것인가? 과연 나를 필요로 하는 친구는 누구일까?

이야기가 있는 피칭Pitching을 해야 한다. 피칭을 단순히 기업의 사업 모델을 투자자에게 설명하는 것으로 이해하면 곤란하다. 피칭의 목적은 분명하다. 투자 유치, IRInvestment Relations이다. 투자 유치는 투자자와 관계를 맺는 행위이다. 한마디로 나의 성장을 진정으로 바라는 지지자를 얻는 일이라고 할 수 있다. 그러므로 신뢰 관계를 형성하는 인간관계의 한 과정이라 봐야 옳다. 관계가 시작되면 이야기가 만들어진다.

누구를 위한 책인가?

투자 준비 진단이 필요한 스타트업

스타트업의 성장 단계별로 투자 유치를 위한 준비 사항이 다르다. 그러므로 투자 매칭 가능성을 높이려면 우선 스타트업의 투자 유치 가능성에 대한 정확한 진단과정을 선행해야 한다.

IR 피치덱의 스토리텔링 보완이 필요한 스타트업
성공하는 피치덱은 일차적으로 투자자의 관심을 끌어야 한다. 비즈니스 모델에 대한 이해와 공감을 제공하고, 궁극적으로 매력적인 투자 가치로 투자자를 설득한다. 이 과정을 완성하는 것이 스토리텔링이다.

IR 피치덱 작성 및 활용 스킬업이 필요한 기업
스타트업은 성장 단계에 따라 기관투자자, 엔젤투자자, 협력파트너 등 상대할 대상이 달라진다. 당연히 각각의 투자 유치 전략에 따른 IR 피치덱의 구성과 작성 가이드가 달라져야 한다. 투자자 유형과 투자 규모에 따라 차별화된 준비 전략이 필요하다.

나를 믿어주는 투자자를 만나는 행위 그것이 IR 활동이다. IR 활동에서 필수적인 것이 투자자용 사업계획서인 IR 피치덱이다. IR 피치덱을 단순히 스타트업 사업계획서의 간결한 요약 버전이라고 생각해선 안 된다. 투자 판단의 주요 사항을 중심으로 작성한, 짧은 시간 안에 핵심을 전달하도록 최적화한 문서이다.
이 책은 임팩트 있는 IR 피치덱을 완성하기 위한 스토리텔링을 소개하고 있다. 초기 스타트업, IR 피치덱의 스토리텔링 보완이 필요한 스타트업, 그리고 재도약을 위해 스킬업이 필요한 기업에게 필요한 현장 스킬을 전하고 싶다. 스타트업은 망망대해에 떠 있는 작은 돛단배와 같다. 거친 풍랑을 만나면 좌초할 위험이 도처에 널렸다. 그러나 나만의 이야기가 있고, 나를 믿어주는 사람이 있고, 힘이 되는 관계가 있다면 충분히 해 볼 만하다. 돛단배에 이야기를 실어라. 더불어 멀리, 더없이 빨리 나아갈 수 있다.

추천사

쟈스민 한
포텐셜리 CEO
『말의 공식』, 『워크 디자인』 저자

> 투자를 받고자 하는 스타트업 대표뿐 아니라 비즈니스 코치들에게 필요한 지침서. 스토리텔링을 해야 하는 시대, 타인의 마음과 자본을 훔치는 방법에 지름길이 있다고 이 책은 말하고 있다. 비즈니스 현장에서 타인의 마음을 훔쳐야 한다면 이 책을 꼭 읽어보시길! 성공한 이야기란 듣기 좋은 이야기가 아니라 팔리는 이야기니까.

고은산
와이앤아처 상무
스타트업 액셀러레이터

> 이 책의 진가는 스타트업 IR 피칭의 스토리텔링 활용법을 투자자의 관점에서 완벽하게 정리했다는 것이다. 나는 이 책을 피칭의 원칙과 공식을 제시한다는 점에서, 스타트업에 몸담은 누구라도 꼭 읽어야 할 필수 지침서라고 생각한다.
> 일독을 권한다.

강재상
패스파인더넷 Co-Founder / 공동대표
『뉴 노멀 시대, 원격 꼰대가 되지 않는 법』 저자

> 사업계획서 작성부터 투자 유치까지, IR 피칭 노하우를 알려주는 책과 콘텐츠가 넘쳐난다. 대부분 왜 그렇게 해야 하는지 설명하지 않고 그냥 이렇게 하라는 족집게 과외식이다. 평소 고민과 해법을 명확하고 쉽게 풀어줄 책이 있으면 좋겠다고 생각했다. 이 책 『피칭』이 그 갈증을 시원하게 풀어준다.

강영재
전북창조경제혁신센터 센터장

실패를 반복하는 스타트업은 무엇이 문제인가? 라는 화두로 시작하는 이 책은 요즘처럼 어려운 시기, 스타트업 투자에 대한 ABC를 제시한다. 또한 투자 가치 판단의 필요충분조건에 주목한다. 스타트업에 몸담거나 투자하고자 하는 이들에게 숲을 크게 보고, 나무를 잘 가꿀 수 있는 좋은 지침을 두루 알려준다. 액셀러레이터와 멘토 등 누구라도 스타트업의 역량과 스킬을 효과적으로 향상할 수 있는 IR 피칭 스토리텔링의 필승전략을 제대로 알고 싶다면 이 책을 읽어라! 좋은 지침서가 되어줄 이 책을 강력하게 추천한다.

김성규
커리어테크 스타트업 (주)베어런
Founder / CEO

수많은 스타트업 대표들이 투자 유치 활동에서 가장 크게 어려움을 느끼는 순간이 'IR 피칭'이다. 『피칭』은 그 순간에 가장 먼저 봐야 하는 책이다. 스타트업의 성장 스토리텔링의 원칙을 만들어주는 '셀프 코칭 가이드북'으로, 초기 스타트업 대표들의 필독서이다.

Jaehee Song
미국 Seattle Basecamp Inc.
CEO / 액셀러레이터
『우린 이렇게 왔다』 저자

투자자와 투자를 받는 스타트업 관계를 결혼에 비유하기도 한다. 우리는 상대를 만나고, 서로를 알아가고, 평생 같이하기로 결정한다. IR 피칭은 처음 만나는 자리에서 호감을 심어줄 기회, 혹은 상대에게 행복을 약속할 수 있는 기회가 된다. 이 책은 선보는 스타트업에게 좋은 기회를 잡는 법을 알려준다. 같이 동고동락할 투자자를 찾는 실제적인 지침서가 될 것이다.

이지은
한양사이버대학교 교수

한때 '스타트업'이라는 제목의 드라마가 있을 만큼 스타트업은 많은 사람이 꿈꾸는 힙한 직장이었다. 하지만 현실은 그렇게 아름답지만은 않다. 외부에서 자금을 끌어오지 못하면 당장 무너질 수 있는 게 스타트업이기 때문이다. 투자자로부터 투자를 받으려면 그들의 요구를 관통하는 '한 방'이 필요하다. 이 책을 통해 자기만의 한 방을 찾아낼 수 있길 바란다.

임충재
계명대학교 교수

투자받기 위해서는 Investment Relation보다 Investment Readiness가 우선이다. 그럼에도 투자 준비과정에서 사업계획서 내용을 채우는 방법을 강조하는 게 현실이다. 오랫동안 창업 현장에서 풍부한 경험을 쌓은 저자들은 스토리텔링형 피칭의 성공적인 공식을 적용해 투자자의 이성과 감성 모두를 충족시킬 수 있는 현실적인 방향을 제시하였다. 이 책을 투자를 위한 스타트업보다 스타트업을 돕는 멘토, 코칭, 창업 전문가들이 먼저 볼 것을 추천한다.

서영미
한국창업보육매니저협의회 부회장

이야기의 힘은 강력하다. 마찬가지로 투자 피칭도 스토리텔링이 중요하다. 그러나 투자자가 듣고 싶은 이야기가 따로 있다는 걸 스타트업 대부분이 잊고 있다. 오랫동안 창업 현장에서 풍부한 경험을 쌓은 저자들은 투자의 이성과 감성을 충족시킬 수 있는 성공적인 피칭 스토리의 방법론과 실행서를 제시했다.

김상현
투썬캠퍼스 상무

스타트업이 지속적으로 성장하고 생존하려면 반드시 투자 유치를 거쳐야 한다. 성공적인 투자 유치를 위해서는 투자자에게 명확한 메시지를 효과적으로 전달할 수 있는 IR 피치덱 작성과 피칭이 필수적이다. 지난 수년간 스타트업 육성 현장의 일선에서 멘토링한 성공적인 IR 피칭 스토리텔링의 모든 노하우가 담긴 이 책이야말로 투자 유치에 대해 어려움과 부담을 느끼는 수많은 예비 창업자들과 초기 창업 기업들에게 좋은 나침반이 되어줄 것으로 확신한다.

유왕윤
투핸즈인터랙티브 스타트업 CEO

창업자 과정 대부분 커뮤니케이션으로 시작해서 커뮤니케이션으로 마무리된다. 스타트업은 무(無)에서 유(有)를 창조하며 스토리텔링을 통해 소통한다. 사업을 시작하기 전에 먼저 스토리텔링을 익히라는 명제에 공감이 가는 게 그 이유이다. 그동안 스타트업 스토리텔링을 강조한 도서를 만나기 어려웠다. 이 책은 IR 피치덱에 있어 필요한 스토리텔링에 대한 전반적인 궁금증을 체계적으로 해결해줄 것이다.

시작하며

**실패를 반복하는 스타트업은
무엇이 문제인가?**

백상훈

요즘처럼 어려운 시기에 자주 듣는 용어가 있다. 존버하자! 이는 국어사전에 없는 비속어로 '끈질기게 버티면 언젠가는 성공한다'는 뜻이다. 스타트업에 뛰어든 10명 중 살아남는 사람은 1명 정도에 불과하다. 창업 시도 한 번으로 성공하는 것은 확률상 제로에 가깝다. 성공에 이르기까지 수많은 시행착오를 겪는다. 실패가 여러 번 반복되어 쌓이면서 성공할 확률이 높아지는 게 스타트업의 사업 방식이다. 살아남은 스타트업은 실패를 잘 버텼기 때문에 지금의 자리에 올라섰다고 해도 과언이 아니다.

2019년에 출간했던 첫 번째 피치덱 도서『코어 IR 피치덱 스토리텔링 워크북』은 흩어져 있던 강의 자료와 참고 자료를 모아서 정리한 것에 가까웠다. 약 3년이 지난 지금 개정판을 준비하면서 독자들에게 더 도움이 되는 글을 고민했고 '고객 문제 해결'이라는 주제를 글의 중심으로 잡았다. 그 이유는 다음과 같다.

투자자가 피치덱을 검토할 때 평균 2분 정도가 소요된다. 이 짧은 순간에 투자자는 두 가지를 중점적으로 확인한다. 투자 이후에 리스크를 줄일 수 있는지, 그리고 기대 수익을 극대화할 수 있는지를 파악하는 것이다. 여기에서 두 가지를 이어주는 구심점은 고객Customer이다. 예를 들어 고객을 이미 확보한 기업이라면 투자 이후 고객 발견까지의 시간과 비용이 적게 들 것이고, 시장 내에 안착할 가능성이 높기에 기대수익이 늘어나게 된다. 투자자가 누구보다 고객 중심으로 피치덱을 살피는 이유다.

지난 3년간 약 500여 개 기업을 만나며 피치덱에서 고객이 발견되지 않는 경우를 자주 보았다. 이런 실패를 반복하지 않았으면 하는 바람과 안타까움이 개정판을 집필한 동기가 되었다. 특별히 이 책에서는 피치덱에서 자주 발견되는 실수를 정리했다. 이를 참고해 반복적인 실수를 줄이고 성공에 다가서기를 바란다. 목적 없는 '존버'보다 영리하게 미래를 준비하는 스타트업이 많아지기를 기대한다.

책이 나오기까지 여러 사람의 도움을 받았다. 그들 없이는 이 책의 발간이 불가능했을 것이다. 공동저자인 김유진 대표는 코칭 관점에서 내용을 풍부하게 해주었고 책의 활용도를 넓히는 일에 기여했다. 2022년부터 시작한 코어피칭연구회 회원들이 브런치에 연재한 글과, 그동안 연구회에 참석했던 스타트업 대표들과의 코칭 경험도 현실적인 방향 설정에 도움을 주었다. 지금의 결과물은 저자들만의 소유라기보다는 코어피칭연구회 회원과 우리가 만나온 스타트업 모두의 것임을 밝힌다.

서영미 단국대학교 창업보육센터 과장, 황미선 파트장에게도 깊이 감사한다. 저자로 참여하지 못했지만 스타트업 자료 수집에 최선을 다해준 조아람 이사의 노력 덕분에 이 책을 쉽게 작업할 수 있었다. 수많은 스타트업을 만날 수 있도록 기회를 준 김상현 투썬캠퍼스 이사, 유왕윤 투핸즈인터렉티브 대표, 임훈민 그라운드업벤처스 이사, 김세호 PM 솔루션 대표, 최재광 워크앤스터디 대표에게도 감사를 전한다.

그리고 지금 이 순간에도 나의 길을 격려하며 기도해주는 아내와 미성, 민서에게 감사와 사랑을 보낸다. 마지막으로 이 모든 것을 가능하게 해주신 하나님께 영광을 돌린다.

투자자의 관심과 공감을 얻는
피칭 스토리텔링으로
성공 스타트업에 다가서길 바랍니다.

들어가는 말

소규모 신생기업의 자금 조달을 위한 필수역량,
IR 피칭 스토리텔링

김유진

소규모 신생기업, 우리는 이를 스타트업이라 부른다. 그들은 참신하고 혁신적인 아이디어와 기술력을 무기로 장밋빛 꿈을 이루고자 지금 이 순간에도 고군분투하고 있다. 하지만 아쉽게도 이들의 탄생과 소멸의 양상은 그리 희망적이지 않다. 아무리 혁신적인 제품이라도 사업화 단계별로 자금 조달에 어려움을 겪게 된다. 대다수가 시장에서 미처 날개를 펼치지 못하고 사라지는 경우가 많다. 이러한 자금의 압박은 소위 데스밸리Death Valley를 벗어난, 성장 가속화 단계에서 더욱 심해진다. 최근과 같은 경제침체기, 스타트업 투자업계의 자금 흐름 냉각기에는 특히 그러하다.

이제 막 팀을 꾸리고 사업을 시작하는 초기 스타트업이라면 정부 지원 사업계획서를 작성할 것이다. 이때 처음으로 창업 동기에서부터 고객 문제와 해결책 등으로 구성되는 비즈니스 스토리텔링을 하게 된다. 그리고 초기 자금 조달을 위한 IRInvestment Relations 활동이 자연스럽게 이어지는데, 이때 필수적인 역량이 바로 피칭 역량이다.

이 책은 이제 막 피치덱 작성을 하고자 하는 초기 창업자뿐만 아니라 피칭 경험이 있으나 기대하는 피칭 결과를 얻지 못한 창업자를 위해 기획되었다.

필자는 지난 십수 년간 액셀러레이터와 시드투자자로 활동하면서 수많은 스타트업의 피칭을 접하고 평가와 멘토링을 해왔다. 늘 아쉬웠던 점이 천편일률적인 피치덱의 스타일과 구성, 그리고 스토리 전개였다. 참신하고 혁신적인 사업 모델임에도 불구하고 전달력이 부족한 스토리텔링 때문에 제대로 평가받지도, 선택받지도 못하는 기업을 보며 도움을 주고 싶었다.

비즈니스 스토리텔링과 피칭 역량은 스타트업 투자 생태계에서 투자 유치를 달성하기 위한 필수 불가결한 요소이다. 모든 스타트업이 비즈니스 스토리텔링을 잘할 수 있도록 다수의 투자 경험과 피칭, 코칭 경험을 통해 얻게된 노하우를 이 책에 가득 담았다.

투자 가치 판단의 필요충분조건
결국 고객이 중심이 되어야 한다

2019년 출간한 『코어 IR 피치덱 스토리텔링 워크북』은 피치덱 형식에 익숙하지 않은 창업가를 위해서 15개의 피치덱 항목을 일목요연하게 정리하는 방법을 알려주는 책이었다. 이후 여러 비즈니스 코치와 멘토, 스타트업 창업가들로부터 더욱 간결한 스토리텔링 가이드가 필요하다는 직접적인 요구를 받았다.

개정 작업을 거쳐 고객이 지닌 문제를 해결하는 스토리를 중심으로 여섯 가지 핵심 키워드를 다시 뽑았다. 이렇게 정리할 수 있었던 것은 사업의 필요충분조건이 결국 '고객'인 까닭이다. 이를 바탕으로 고객Customer·문제Problem·해결Solution을 중심으로 전개한다는 의미로 CPST라고 새롭게 이름 지었다.

CPST에 담긴 여섯 가지 원칙은 다음과 같다.

1. 핵심고객 Customer
2. 고객문제점 Problem
3. 문제의 해결 강도 Solution
4. 트랙션 Traction
5. 확장성 Scale Up
6. 팀역량 Team

고객-문제-해결을 중심으로 만들어내는
스토리텔링 원칙 : CPST

고객문제 해결 스토리는 위의 여섯 단계 과정을 거치면서 비로소 완성된다. 여기서 유의할 점은 이 스토리의 주인공이 스타트업 창업가가 아닌 고객Customer이어야 한다는 것이다. 그리고 불특정 다수가 아닌, 특정한 고객이 그 주인공의 자리에 있어야 한다.

고객이 직면한 불편함 혹은 원하는 바는 여러 가지가 있을 수 있다. 그중에서 가장 해결 강도가 높은 문제Problem를 골라서 신속하게 해결하는 것이 해결책Solution이다.

특정 고객의 문제를 충분히 해결했다면 이제는 좀더 넓은 세계에 있는 고객들을 대상으로 비즈니스 기회를 넓혀야 한다. 성장할 수 있다는 가능성을 보여주고 투자자들을 사로잡아야 한다. 이 청사진을 제시하는 단계가 바로 스케일 업Scale Up이다.

스타트업은 좌우충돌하는 수많은 시도 속에서 비로소 한 가지 방법을 발견하게 된다. 트랙션Traction은 진짜 주인공을 만나기 전까지 얼마나 많은 어려움과 시도가 있었는지 명확하게 보여준다. 때문에 트랙션은 현재가 아닌 과거에서 찾아봐야 한다는 특징이 있다. 그리고 마지막 단계, 결코 소홀히 할 수 없는 것이 함께 사업을 하는 팀Team이다. 팀 구성에 대한 스토리로 피치덱의 원칙은 마무리된다.

피칭 스토리텔링은
정교한 커뮤니케이션 스킬을 요구한다

이 책에서 다루는 CPST 피칭 스토리텔링은 정교한 커뮤니케이션 기술을 요구한다. 실제 투자로 이어진 수백 건의 스타트업 피칭 사례를 분석하여 개발한 'CPST 스토리보드'는 수많은 피칭, 코칭 성과를 통해 검증했다. 초기 스타트업에게 최적화된 피칭 스토리텔링 도구로써 이 책이 널리 사용되길 기대한다.

제1장에서는 초기 스타트업들이 흔히 부딪치는 피칭 스토리텔링의 문제점과 개선 방법을 알려준다. 책을 통해 자신의 피칭 문제점이 어디에 있는지 살펴볼 수 있도록 여섯 가지 키워드를 중심으로 소개한다. 흥미, 기억, 호흡, 절제, 기대, 감동이 그것들이다.

제2장에서는 피치덱 스토리텔링의 여섯 가지 원칙을 'CPST' 프레임워크로 제시한다. 고객Customer이 당면한 문제 **Problem**와 해결책**Solution**을 기반으로 비즈니스 모델을 전개한다. 이어서 사업 모델의 성장**Scale Up**과 트랙션**Traction**으로의 전개는 투자자가 기업의 시장성과 수익성을 판단하게 하는 핵심 지표가 된다. CPST 스토리라인의 마지막 요소는 팀**Team**으로 마무리된다.

제3장에서는 CPST 피칭 스토리텔링 여섯 가지 원칙이 실제 피칭 스토리텔링 도구로 어떻게 활용되는지 보여준다. 'CPST 스토리보드'와 'CPST 코칭 가이드'를 통해 시드에서부터 시리즈 A 단계의 투자 유치에 성공한 국내 유망한 스타트업의 피칭과 피치덱 사례를 분석한다. 투자 유치에 성공한 스타트업이 가진 피칭 스토리텔링의 비밀을 엿볼 수 있다.

이 책은 피칭의 조력자로 활동하는
멘토와 코치들을 위한 책이기도 하다

이 책의 가장 큰 특징은 스타트업이 스스로 투자 유치를 위한 피치덱의 준비도를 체크하고, 나아가 진단과 교정을 하는 등 이른바 '셀프 코칭 가이드북'으로 활용할 수 있다는 점이다. 이 책에서 제시하는 CPST 여섯 가지 원칙만 따라해도 보다 간결한 피치덱 스토리라인 구성을 할 수 있다.

또한 이 책은 스타트업의 투자 자문 및 피칭의 조력자로 활동하는 비즈니스 코치들을 위한 책이기도 하다. 코치Coach와 코치이Coachee, 코칭 고객는 서로 동등한 위치를 가진다. 정답을 알려주기보다 열린 질문과 피드백을 통해 스타트업이 갖춘 핵심 자원과 투자 유치의 잠재력을 발견하게 해야 한다. 이 책을 활용하는 코치들 역시 스타트업 스스로 투자 유치 활동에 적극적으로 임할 수 있도록 행동 변화에 초점을 두길 바란다. 이밖에 스타트업의 투자 자문 및 액셀러레이터, 멘토 역시 이 책을 통해 역량과 스킬을 향상시킬 수 있기를 바란다.

마지막으로 이 책은 단순한 피치덱 슬라이드 작법서가 아님을 미리 밝혀 둔다. 공식처럼 활용하기보다 어떻게 효과적으로 피칭 스토리텔링을 구사할 것인가에 대한 질문과 가이드로써 주어진 상황에 따라 지혜롭게 활용하길 바라는 바이다.

목차

Intro 04
추천사 06
시작하며 백상훈 10
들어가는 말 김유진 14

제1장
스타트업의 핵심, 피칭

Why : 왜 피칭인가? 24
What : 무엇이 피칭을 완성하는가? 28
Who : 누가 투자자에게 선택되는가? 31
How : 어떻게 소신을 지키는가? 38
Where : 어디에서 차이가 생기는가? 43

제2장
당신의 피칭은 무엇이 문제인가?

성공하는 스타트업, 성공하는 피칭 50
흥미 : 피칭은 설명하지 않는다 56
기억 : 상대가 듣고자 하는 말을 한다 63
호흡 : 피치덱은 빨리 읽히지 않는다 68
절제 : 양으로 승부하지 않는다 74
기대 : 다음 장표가 기대되지 않으면 끝이다 83
감동 : 제품·서비스 내용에 집중한다 91

제3장
피칭 스토리텔링 여섯 가지 원칙, CPST

첫 번째 원칙 Customer :
피칭 스토리텔링의 유일한 주인공은 고객임을 잊지 마라 100

두 번째 원칙 Problem :
의도적으로 특정한 문제에 포인트를 두고 집중하라 108

세 번째 원칙 Solution :
수익 창출이 가능한 차별화된 해결책을 제시하라 116

네 번째 원칙 Traction :
미래 가치는 성실함에 있다는 걸 명심하라 124

다섯 번째 원칙 Scale Up :
투자자에게 성장성과 확장성을 강조하라 132

여섯 번째 원칙 Team :
결국 아이디어보다는 사람에 투자하라 140

제4장
피칭 스토리텔링 도구와 활용

CPST 스토리보드와 피칭 사례
라스트오더 _주식회사 미로 154
라이클 _라이클컴퍼니 157
앤디 _(주)뮨 160
논샘팬티 _주식회사 단색 163
펄핏 _(주)펄핏 166
이너보틀 _(주)이너보틀 169
김캐디 _(주)김캐디 172

CPST 피칭 스토리텔링 가이드
고객은 덧셈이 아니라 '뺄셈'이다 176
피칭은 '질문'과 '피드백'의 상호작용이다 182

제1장

스타트업의 핵심, 피칭

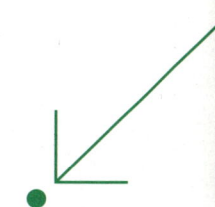

피칭Pitching은 사업가의 그릇에 담긴 말들을
이해하는 과정이라고 정의할 수 있다.
사업가의 생각은 피치덱 문서뿐만 아니라
피칭에서 그대로 드러나게 되어 있다.
투자자 피칭은 단순히
준비된 자료와 내용을 선보이는 자리가 아니다.
창업가가 제시하는 사업 그릇이 얼마나 큰지 확인하는 자리다.

Why :
왜
피칭인가?

> "
> 주장하는 것이 아니라
> 짧은 시간 안에 공감을 얻는 것이다.
> 설명하는 것이 아니라
> 설득할 수 있어야 한다.
> "

● 피칭은 주장이 아닌,
우리 비즈니스에 대한
공감과 관심 유도가 목적이다

피칭에서 청중은 투자자이다. 그들에게 주장하는 것이 아니라 짧은 시간 안에 공감을 주는 것이다. 설명하는 것이 아니라 설득하는 것이다. 투자자들은 수익성이 크고, 성장 가능성이 높은 사업이라고 판단하기 위해서 논리적 흐름과 근거를 확인하고 싶어 한다. 피칭에 앞서 반드시 투자자가 어떤 사람이고, 그들이 듣고자 하는 것이 무엇인지 조사가 필요하다.

설득력 있는 피칭은 투자자를 아는 것에서 출발한다. 그 이후 한눈에 쉽게 이해되는 내용으로 투자자의 마음을 사로잡아야 한다. 그 때문에 피치덱은 짧은 프레젠테이션 슬라이드로 구성하고, 일반적인 사업계획서 형식보다 하나의 스토리라인으로 간결하고 쉽게 구성해야 한다.

5~10분 정도의 IR 피칭을 듣고 투자를 결정하는 투자자는 거의 없다. 그렇다면 우리는 왜 투자자들 앞에서 IR 피칭을 하는 것

일까? 그것은 우리가 어떤 사업을 하는지 명확하게 전달하고 투자자가 우리 비즈니스에 공감과 관심을 가질 수 있도록 하기 위함이다. 즉, IR 피칭이 모두 끝나고 투자자가 우리를 찾아와 명함을 건네면서 "발표 잘 들었습니다. 대단히 흥미로운 사업을 하시는군요." 하고 말하게 만드는 것. 그것이 IR 피칭의 첫 번째 목적이라고 할 수 있다. 그리고 그것이 투자 유치로 가는 물꼬를 트는 시작점이기도 하다.

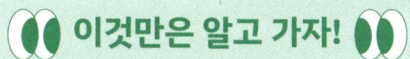 이것만은 알고 가자!

피치덱에서 투자자가
가장 중요시 하는 내용은 아이디어?

지난 10년간 초기 투자에 성공한 피치덱 분석 결과, 투자자들이 관심있게 보는 항목은 **팀 구성(87%)** 이라는 것이 밝혀졌다.[*] 반면, 피치덱 코칭 과정에서 스타트업이 가장 쉽게 생각하는 부분이 바로 팀 구성이라는 점은 매우 아이러니하다.

그 이유는 **창업 환경**의 차이다.
선진형 창업은 팀 구성 후
팀의 성격을 고려한 다음 최적의 아이디어를 구상한다.
그리고 비즈니스 플랜을 수립하면서
초기 투자가 이뤄진다. 이후부터 본격적인 회사 설립이 시작된다.
반면 국내의 경우, 대체로 회사의 설립과 아이디어 구상이 선행된다.
그 뒤 **관련된 사람을 구성**하는 경우가 많아서
상대적으로 **팀의 중요성**을 쉽게 간과한다.

아이디어는 사업 중간에 얼마든지 바뀐다.
그러나 팀 구성은 쉽게 바꾸거나 새로이 할 수 없다.
팀을 이루는 과정 역시 창업자의 의지와 연관해서 생각해야 한다.

---

[*] https://entrepreneurshandbook.co/what-we-learned-from-analyzing-100-startup-pitch-decks-31551809710d

What :
무엇이
피칭을 완성하는가?

> "
> 피칭은 같은 시공간에서
> 말을 하는 사람과 듣는 사람이
> 함께 상호작용하고 교감하는
> 이야기 그 자체이다.
> "

● 청중을 리딩하는 피칭은
연속된 내러티브로 완결된
하나의 스토리라인이다

        청중을 리딩하는 피칭에는 강력한 내러티브로 완결된 스토리라인이 있다. '말하다'라는 뜻의 라틴어 동사 [Narrare]에서 유래한 내러티브**Narrative**는 사전적으로는 '정해진 시공간 내에서 인과 관계로 이어지는 허구 또는 실제 사건들의 연속'이라고 정의되고 있다. 피칭은 같은 시공간에서 말을 하는 화자**話者**와 듣는 청중**聽衆**이 함께 상호작용하고 교감하는 이야기 그 자체라고 할 수 있다.

        내러티브는 청중의 몰입과 재미를 증폭시킨다. 소설과 영화, 연극, 뮤지컬과 같은 예술 장르에서는 내러티브 전개 방식에 따라 관객의 몰입과 반응, 재미와 감동이 다르게 나타난다. 예를 들어 할리우드 영화 〈어벤저스〉 시리즈는 내러티브에 동원된 여러 주인공과 수많은 사건이 시공간을 초월한 인과 관계로 엮인 스토리라인을 탄생시키며 큰 성공을 거뒀다. 피칭도 마찬가지다. 내러티브를 바탕으로 하나의 스토리라인을 만드는 것을 목표로 해야 한다.

피치덱에 스토리텔링이 왜 중요할까?
Storytelling Value

일상에서는 누구나 이야기를 주고받는다.
스토리를 텔링하는 방법은 이미 일상 속에 스며든 활동이다.
그러나 유독 비즈니스 세계에서 저평가되는
커뮤니케이션 기법이 바로 **스토리텔링**이다.

스토리텔링의 가장 중요한 가치는 이해하기 어렵거나 생소한 내용을
쉽게 **이해**시킨다는 데 있다. 즉, **공감**을 이끌어 내는 영향력이다.
투자자 혹은 예비 주주에게 '우리는 제2의 카카오톡이 될 것입니다'
하고 말하면 설득력이 떨어진다.
투자자가 알고 싶은 것은
'수많은 경쟁사와 어떻게 변별되는 비즈니스 모델이인가?',
'성장 가능성과 확장성을 어떻게 확보하고 있는가?'이다.

내가 하고 싶은 이야기가 아닌 **상대방의 입장**에서
투자자가 궁금할 내용을 준비하는 것이 바로 스토리텔링이다.
제품, 서비스가 아닌 제품과 서비스를 통해서
어떤 변화를 만들어 갈 것인지를 들려주어야 한다.

스토리가 준비되지 않은 피치덱으로는
결코 투자자를 설득하거나 공감하게 할 수 없다.

Who :
누가 투자자에게
선택되는가?

"
피칭은 야구에서
투수Pitcher가 포수에게
정확하게 공을 던지듯이,
스타트업이 자신의 비즈니스 모델을
정확하고 확실하게 전달해
투자자가 쉽게 캐칭Catching
할 수 있도록 하는 것이다.
"

청중이 듣고 싶은 이야기가 무엇인지 알아야 한다

피칭Pitching은 비즈니스 모델을 투자자에게 소개하는 것을 말한다. 피칭이 프레젠테이션이나 스피치와 구별되는 이유는 분명하다. 야구에서 투수Pitcher가 포수에게 정확하게 공을 던지듯이, 스타트업이 자신의 비즈니스 모델을 정확하고 확실하게 전달해 투자자가 쉽게 캐칭Catching할 수 있도록 하는 것이기 때문이다. 그런 맥락에서 투자자와 대화를 하듯이 발표하는 피칭 전략이 중요하다. 투자자는 무엇을 듣고 싶어할지 고민해 투자자의 질문에 답하는 흐름으로 이야기를 전개해야 한다. 투자자가 궁금해하는 몇 가지 질문을 정리해 보았다. 이 질문에 어떻게 대응해야 할지 생각해 보자.

[질문]

Q1. 피칭의 목적은 무엇인가요?

Q2. 이 피칭에 왜 관심을 가져야 합니까?

Q3. 풀고자 하는 문제가 시장에서 받아들일 만한 값어치가 있나요?

Q4. 이 솔루션을 시장에서 채택해야 할 이유는 무엇입니까?

Q5. 시장에서 비즈니스 모델은 잘 작동하고 있나요?

Q6. 어떤 경쟁을 극복해서 이루어낸 성과인가요?

Q7. 앞으로 얼마나 더 큰 성과를 만들 수 있나요?

Q8. 우리가 어떻게 도와 드리면 될까요?

[답변]

Q1. 피칭의 목적은 무엇인가요?

피칭을 통해서 얻고자 하는 바를 구체적으로 밝힌다. 청중에게 피칭하게 된 계기와 동기, 무엇보다 청중이 이 피칭을 들어야 하는 이유를 강하게 어필한다.

Q2. 이 피칭에 왜 관심을 가져야 합니까?

우리 회사의 사업 내용을 광범위하게 설명하기보다는 한두 문장으로 우리의 도전과 실제 성공 경험을 전달하자. 실체가 있는 성공 경험은 청중의 관심과 호기심을 자극하기에 충분하다. 청중이 우리를 어떻게 기억할 것인가를 생각하자.

Q3. 풀고자 하는 문제가 시장에서 받아들일 만한 값어치가 있나요?

문제의 크기와 해결 강도를 전달하는 것이 중요하다. 우리가 풀고자 하는 이 문제가 얼마나 값어치 있고, 그 해결의 값이 시장에서 얼마나 비싸게 매겨질 수 있는지를 공감시켜야 한다. 이때 청중이 누구인지를 명확히 알고 있어야 한다.

Q4. 이 솔루션을 시장에서 채택해야 할 이유는 무엇입니까?

제시한 크고 값비싼 문제가 현재 시장에서 채택할 적기임을 뒷받침하는 증거를 제시할 수 있다. 우리의 솔루션(제품과 서비스)이 시장에서 채택될 가능성이 매우 높다는 것을 증명해야 한다.

Q5. 시장에서 비즈니스 모델은 잘 작동하고 있나요?

시장 적합성 검증이 안 된 비즈니스 모델은 가설에 불과하다. 투자자가 수익 모델, 또는 수익원이 무엇인지 쉽게 이해 가능해야 한다. 투자자는 돈의 흐름에 관심이 많다.

Q6. 이 경쟁을 어떻게 극복해서 이루어낸 성과인가요?

이 시장에서 누구와 경쟁하고, 경쟁자를 극복할 수 있는 강점이 무엇인지가 중요하다. 경쟁 환경을 극복해서 달성한 견인 지표를 제시한다. 경쟁자들 사이에서 식별 가능하며 눈에 띄는 경쟁 우위의 근거가 필요하다.

Q7. 앞으로 얼마나 더 큰 성과를 만들 수 있나요?

우리가 도달할 목적지가 어디인지를 제시한다. 현재 우리의 위치로부터 달성할 목적지까지의 거리와 시간을 설정한다. 견인 지표를 활용해서 성장 가속화의 실현 가능성을 제시한다. 더불어 우리의 비전과 달성 목표를 공유하고, 도전과 성취를 만들어내는 팀 구성원의 존재 가치를 강조할 수도 있다.

Q8. 우리가 어떻게 도와 드리면 될까요?

회사의 현재 가치와 미래 가치를 제시한다. 미래 가치를 만들 확신과 자금 운영 계획과 투자 회수 가치를 동시에 제시한다. 되도록 투자자에게 회수 자금의 규모를 산정해줄 필요가 있다. 투자 가이드, 또는 선택할 수 있는 투자 방법과 규모를 제시해준다. 또한 직접 투자가 아닌 전략적 투자와 제휴 모델 등 다양한 방식의 투자 참여가 가능하다는 걸 안내한다..

피칭은 청중과의 아주 짧은 대화이다. 결국 이 짧은 대화를 잘 이끌기 위해서는 청중의 질문에 귀기울여야 한다. 청중이 듣고 싶어하는 이야기는 그들의 질문에 있다. 그리고 과연 청중(투자자, 심사위원)들이 우리 회사를 어떻게 기억하고 무엇 때문에 기억할지 곰곰이 생각해 보자.

대화의 흐름과 전개는 어떻게 해야 할까?

리드 메시지 잡기

　우선 피치덱을 작성하기 전에 여러 장의 슬라이드 연결을 어떻게 이끌 것인가에 대한 리드 메시지Lead Massage를 잡는 게 중요하다. 청중인 투자자의 기본적인 관심 사항Preliminary Interest을 자연스럽게 이끌어 갈 리드 메시지는 그들과의 공감대 형성에 도움될 수 있다.

사실과 근거 제시하기

　상대를 설득함에 있어 증거와 사실은 핵심이다. 보이지 않는 기대치를 제안하기보다는 우리 사업이 성장 가능하다는 사실과 그를 기반하는 근거와 증거를 보여줘야 한다. 주장과 설명을 지양하고 명확한 사실과 근거를 제시한다면, 통계학적 지식이 없는 투자자라도 쉽게 설득할 수 있다.

핵심 메시지 던지기

사실과 근거를 바탕으로 우리 회사의 투자 가치가 충분하다는 점을 강조한 핵심 메시지를 최대한 부각해야 한다. 핵심 메시지는 복잡한 도표나 장황한 텍스트보다는 숫자를 크게 강조하거나 간결한 그래픽으로 제시하는 게 효과적이다.

How :
어떻게
소신을 지키는가?

> "
> '소신'과 '고집'을 구분하는 기준은
> 투자자의 언어와 생각을 이해하고
> 답변하는 태도에 있다.
> "

● 투자자의 언어와 생각을 이해해야 한다

피칭Pitching은 사업가의 그릇에 담긴 말들을 이해하는 과정이라고 정의할 수 있다. 사업가의 생각은 피치덱 문서뿐만 아니라 피칭에서 그대로 드러나게 되어 있다. 피칭을 할 때 발표를 하는 사람의 말에서 투자자는 소신을 가지고 사업에 임하는지, 아니면 주변의 이야기를 듣지 않고 고집을 피우는지 단번에 알아차린다. 약 3년간 여러 스타트업을 대상으로 피치덱 코칭을 하면서 경험한 이야기를 해보겠다.

코칭을 통해 발견한 부족한 점이나 아쉬운 점을 이야기할 때, 적극적인 답변과 주장으로 담당 코치를 설득하는 과정에서 '소신'은 중요한 역할을 한다. 제대로 된 소신은 참신하고 때때로 감동을 불러온다. 반면 빠르게 수긍하는 면모를 보이면서 개선된 결과물을 기대하게 했으나, 다음 미팅에서 전혀 반영하지 않은 결과물을 가져온다면 그것은 소신이 아닌 고집이다. 코치를 속인 셈이다. 대화와 소통을 나누면서 충분한 이해와 공감을 주고받았다는 신뢰를 저버린 것이다. 더군다나 단기적인 코칭일 경우 생산적인 결과로 이어지기가 매우 어려워진다.

피치덱 문서를 만드는 과정에서 '소신'과 '고집'의 결과는 피칭에서 투자자에게 어떻게 보일 것인가? 이 질문에 대한 답은 2022년 시작한 '코어피칭연구회'를 진행하면서 찾아냈다.

'코어피칭연구회' 진행 방식은 기존 멘토링과 코칭이 선호하는 일대일 방식이 아니다. 한 명의 스타트업을 위해서 6-7명 이상 코치들이 참여하는 그룹 코칭 방식이다. 시작은 미약하였으나, 참여하는 스타트업 및 코치 모두 만족도가 높아 2023년 1월까지 이어질 수 있었다. 이 프로그램은 살롱과 성격이 유사하다고 판단해 '살롱코칭'으로 명명되었다.

살롱코칭은 피칭 15분을 포함해서 1시간 이상 진행한다. 1시간 동안 질문과 답변이 오가는 과정에서 '소신'과 '고집'이 어떻게 나타나는가를 볼 수 있었다. '소신'과 '고집'을 구분하는 기준은 투자자의 언어와 생각을 이해하고 답변하는 태도에 있다.

[질문]

Q1. 우리 회사와 비슷한 사업 모델을 가진 다른 경쟁사는 없나요?

Q2. 이렇게 매력적인데 아직 다른 기업이 관심을 두지 않는 이유는 무엇인가요?

위 질문은 피칭에서 가장 많이 듣는 질문이다. 동일한 질문에 대해서 창업자의 '소신' 있는 답변과 '고집' 있는 답변은 어떻게 다를까? 아래 두 답변은 지난 1년간 살롱피칭에 참석한 스타트업이 답변한 내용을 각색해서 정리한 내용이다. 1번과 2번 둘 중에 무엇이 소신이고 무엇이 고집인가?

[답변]

Q1. 우리 회사와 비슷한 사업 모델을 가진 다른 경쟁사는 없나요?
유사한 사업 모델을 가진 경쟁사를 언급하고 경쟁사가 지닌 장점과 단점도 이야기한다. 향후 시장 트렌드도 짚는다. 변화하는 특정 시점에는 우리 사업 모델이 시장을 선도할 수 있는 충분한 논리를 근거 있는 수치로 제시한다.

Q2. 이렇게 매력적인데 아직 다른 기업이 관심을 두지 않는 이유는 무엇인가요?
경쟁사를 비교하면서 특정 기능을 중심으로 우리는 있지만, 다른 회사에 없는 기능을 중점적으로 부각한다. 향후 시장 트렌드와 무관하게 우리만이 보유한 기능(제품 혹은 서비스)이 전체 시장을 지배할 것이라는 논리로 마무리한다.

언뜻 생각하면 1번과 2번 모두 적절한 답변처럼 보인다. 그러나 각각의 관점을 고려하면 2번은 창업가의 입장을 내세운다. 내로남불식 '고집'스러운 시장 해석이다. 1번의 경우 현재보다는 향후 변화되는 시장 트렌드에 우리 사업 모델이 적합하다는 논리를 펼친다. 이는 투자자 관점 해석에 가깝다. 그래서 1번이 현재보다는 미래 비전에 가치를 두는 '소신'에 가깝다.

피칭에서 '소신'과 '고집'을 구분하는 기준은 하나다. '투자자의 언어와 생각으로 전달했는가?'이다. 창업가가 투자를 유치할 때는 투자자의 언어와 생각을 이해하는 것이 기본이다. 자신의 제품과 사업 아이디어를 파는 데만 몰두한다면 그것은 '고집'이다. 상대방이 투자 결정을 내리는데 필요한 고민과 사고의 과정은 깊게 생각하지 않기 때문이다. 투자자 피칭은 단순히 준비된 자료의 내용만을 보는 자리가 아니라, 창업가가 바라보는 사업 그릇이 어디까지인가를 확인하는 자리다.

'사업은 사업가의 그릇만큼 성장한다.'
-교세라 창업주 이나모리가즈오

Where :
어디에서
차이가 생기는가?

> "
> 만화로 치면
> 피치덱 슬라이드는 '컷'이다.
> 하나의 컷(한 장의 슬라이드) 안에
> 장면(이미지)과 대사(카피)
> 그리고 시선의 흐름에 따른
> 구도(배치)까지 생각해야 한다.
> "

● 피치덱은
직관적인 시각화가 중요하다

　　　　데모데이에서 인연을 맺은 박 대표님을 만난 날이었다. 코치진으로 참여한 박 대표님과 나는 자연스럽게 참가한 업체들에 관해 이야기를 나눴다. 나는 그 데모데이에 참가한 A스타트업과 IR 코칭이 예정된 상태였고, 박 대표님께 A스타트업 피칭에 대한 감상을 들을 수 있었다.

　　　"A스타트업이요? 뭐 하던 곳이었죠?"

　　　"아, 기억난다. 설명 들으니까 이제야 A스타트업이 뭐 하는 곳인지 알겠네요."

　　　"데모데이 현장에서는 실체가 없다는 느낌을 받았거든요."

　　　박 대표님의 감상을 바탕으로 판단할 때, A스타트업의 IR 피칭은 완벽한 실패라고 할 수 있다. IR 피칭은 투자 유치를 목적으로 우리 사업을 소개하는 것이다. 그런 IR 피칭을 들은 청중이 회사명을 기억하지 못하는 것도 문제이지만, 회사가 무엇을 하는 곳인지 전혀 전달이 되지 않았다는 것은 아주 심각한 문제다.

이런 경우가 A스타트업에게만 일어난 극히 드문 사례라고 생각한다면 크나큰 오산이다. 피칭이 끝나고 멘토나 코치진들의 피드백에서 "그래서 파는 게 정확히 어떤 거죠?", "혹시 서비스나 제품 사진, 영상이 있나요?", "너무 추상적으로 느껴지는데", "제가 이해가 잘 안 돼서 그러는데" 하는 코멘트가 나오는 경우가 꽤 많다. 혹시 당신이 IR 피칭을 하고 나서 투자자에게 사업에 관해 이런 말을 들은 적이 있다면, '직관적인 실체화'를 목표로 피치덱을 전면 수정하는 것이 옳다.

A스타트업과의 코칭 첫날, 데모데이 때 사용했던 피치덱을 면밀히 검토하는 시간을 가졌다. A스타트업의 피치덱은 인터넷에서 흔하게 다운로드할 수 있는 파워포인트 템플릿 위에 내용이 올려진 형태로 제작되어 있었다. 이처럼 파워포인트 템플릿을 내려받아 사용하는 경우는 크게 두 가지이다. 하나는 파워포인트를 다루는 데 익숙하지 않은 경우, 다른 하나는 파워포인트 디자인에 자신이 없어 타인의 디자인을 그대로 사용하는 것이 더 낫다고 판단한 경우다.

A스타트업은 후자였다. 멋있게 피치덱 디자인할 능력이 없다고 판단해 구매한 템플릿에 내용을 올리는 것으로 단점을 보완하려고 했다. 하지만 순서가 잘못되었다. 디자인 위에 내용을 올릴 것이 아니라, 내용에 맞춰 디자인해야 한다. 내용을 담아내지 못하는

디자인은 청중들에게 혼란을 야기하고 이해를 방해한다.

A스타트업의 첫 번째 슬라이드는 정해진 템플릿 디자인에 회사를 소개하는 카피만 텍스트로 입력한 모습이었다. 이미 MVP가 존재하는 상태임에도, 디자인에 내용을 끼워 넣다 보니 미처 제품 사진을 담아낼 공간이 없었던 것이다. 나머지 슬라이드에서도 마찬가지였다. 정해진 양식에 맞춰 제품 이미지와 내용을 삽입하다 보니, 제품 이미지는 작아져서 주인공이 아닌 엑스트라로 전락했다. 투자자들에게 소개해야 하는 A스타트업의 제품이 참고 자료 이미지처럼 존재감없이 사라져 버렸다.

그뿐 아니라 A스타트업은 피치덱 카피를 추상적으로 작성하는 경향이 있었다. 이과 태생이 문과 감성을 어설프게 흉내낼 때 이런 끔찍한 혼종이 생기기도 한다. '안전한 사회를 만들기 위해', '우리 아이들이 행복할 수 있도록', '미래 세상으로 나아가는' 등 추상적인 카피는 메시지를 정확하게 전달하지 못한다. 감성적인 카피를 피치덱에 녹여내는 것은 좋다. 다만 메시지가 정확하게 전달될 수 있는 문장으로 쓴다는 전제하에서 말이다.

1. 내용을 담아내지 못한 디자인 2. 존재감이 사라진 제품 이미지 3. 추상적인 카피, 이렇게 A스타트업 피치덱 문제점 세 가지가 도출되었다. 이러한 문제점이 발생한 근본적인 원인은 회사의 스토리를 담아내는 디자인 전략이 부재했기 때문이라고 할 수 있다. 만화로 치면 피치덱 슬라이드는 '컷'이다. 하나의 컷(한 장의 슬라

이드) 안에 장면(이미지)과 대사(카피) 그리고 시선의 흐름에 따른 구도(배치)까지 생각해야 한다.

어떤 회사는 피치덱에 넣을 제품 영상을 위해 촬영 및 편집에 아낌없이 투자했다. 또 다른 회사는 시장 분석의 신뢰도를 높이기 위해 전문기관에 의뢰해 하나의 다이어그램으로 만들었다. 이렇게 확보한 자료는 한 장의 슬라이드에 담겨 IR 피칭 현장에서 수십 초 노출되고 다음 슬라이드로 넘어간다. 겨우 이 수십 초를 '위해' 회사들이 자원을 투자한다고 생각하는가? 아니다. 수십 초이기 '때문에' 회사들이 공을 들이는 것이다. 너무나 짧은 시간이기 때문에 보여주고 싶은 것이다. 전하고자 하는 내용을 명확하게 전달하기 위해서 기꺼이 투자하는 것이다.

피치덱은 투자 유치 목적으로 투자자들에게 보여주는 자료다. 여기에 들어가는 콘텐츠를 가볍게 여기는 회사에게 투자자가 자신의 돈을 선뜻 내어줄 리가 없다. 물론 본격적으로 피치덱에 온 자원을 쏟으라는 의미는 아니다. A스타트업처럼 파워포인트 디자인에 자신이 없다면, 적어도 내용을 모두 준비한 뒤 디자인 외주를 맡길 수는 있어야 한다. 꼭 고가의 작업 비용을 요구되는 전문 디자이너에게 맡길 필요도 없다. 다만 피칭 내용에 맞춰 시선이 흘러가도록 콘텐츠를 배치하고, 가독성 높게 편집 디자인만 깔끔하게 다듬어도 훨씬 직관적인 피치덱을 만들 수 있을 것이다.

제2장
당신의 피칭은 무엇이 문제인가?

스타트업은 말 그대로
새로운 업業을 만드는 혁신 주체이다.
기존에 없는 새로운 것을 만드는 과정은
내비게이션에 없는 길을 스스로 개척하는 과정과 유사하다.
투자자가 스타트업의 피칭을 통해서
기대하는 요소 중 하나는 혁신성이다.
피칭에서 반드시 놓치지 말아야 할 부분은
새로운 업業을 만드는 출발점이 어디냐는 것이다.

성공하는 스타트업,
성공하는 피칭

> "
> 투자자가 스타트업의
> 피칭을 통해서
> 기대하는 요소 중의 하나는
> 혁신성이다.
> "

피칭 스토리텔링 업그레이드를 위한 여섯 가지 키워드

**고속도로를 출발점으로 삼고 있으면서
오프로드를 달린다고 착각하는 것은 아닌가?**

　　　초기 스타트업은 냉철하게 자신의 비즈니스 모델을 바라보기 힘들다. 그래서 많은 시행착오를 겪게 된다. 최근에는 스타트업이 첫 출발점을 어디에 두는가에 따라 피치덱 스토리라인이 완전히 달라지는 양상을 보인다.

　　　기업 관점과 고객 관점, 출발점은 두 가지다. 이 중 고객 관점에서 출발해서 끝까지 일관된 흐름Tone & Manner을 유지하는 유형이 특징적이다. 이 유형은 내용이 부족하더라도 사업의 본질을 충분히 납득하게 한다.

　　　알기 쉽게 자동차를 스타트업으로 비유해 보자. 나는 처음부터 잘 닦여진 고속도로를 상쾌하게 혼자 달리고 싶다. 그러나 고속도로에는 내 차 말고도 중형차, 대형차, 트럭 등 다양한 차종(경쟁사)이 즐비하고 그 사이에서 나는 안전하게 운전해야 한다. 고속도로는 이미 누군가 만들어둔 길이다. 신호 체계 준수와 속도 제한 등 제약적인 조건이 마련되어 있다.

이번에는 다른 선택에 대해 생각해 보자. 내비게이션에 나오지 않는 비포장도로, 심지어 아직 아무도 가보지 않은 험한 길에서 출발한다. 길은 험하다. 자동차가 망가질 수도 있고 때에 따라 추락할 수도 있다. 그만큼 위험 요소가 가득하다. 그러나 고속도로와 달리 다른 차량이 거의 없다. 주변에 다른 자동차(경쟁사)가 없기 때문에 위험한 시도가 성공하면 새로운 길(역사)을 만들게 된다.

스타트업은 말 그대로 새로운 업業을 만드는 혁신 주체이다. 기존에 없는 새로운 것을 만드는 과정은 내비게이션에 없는 길을 스스로 개척하는 과정과 유사하다. 잘 닦여진 고속도로를 달리는 상쾌한 기분을 느끼고자 한다면 그건 아직도 기업 관점에서 출발점을 고민하는 것이다. 비포장도로, 심지어 아직 아무도 가보지 않은 험한 길을 뚫고 나아가는 것은 고객 관점에서 바라보는 사업 출발점이다. 스타트업은 이 두 길 중 하나를 선택해야 한다.

기존에 없던 새로운 길을 개척하면서 성공한 사례는 비즈니스 영역만큼 스포츠에서도 활발하다. 1968년 멕시코 올림픽에서 딕 포스베리는 육상계에서 단 한 번도 시도하지 않았던 '배면뛰기'를 통해서 당당하게 금메달을 거머쥐었다. 이후 모든 육상선수가 딕 포스베리 '배면뛰기'를 따라 하게 되면서 '포스베리 플롭

Fosbury Flop'이라는 명칭이 생겼다.

투자자가 스타트업의 피칭을 통해서 기대하는 요소 중 하나는 혁신성이다. 피칭에서 반드시 놓치지 말아야 할 부분이 새로운 업業을 만드는 출발점이 어디냐는 것이다. 그런 이유에서 그 출발점을 기업 관점에서 고객 관점으로 점차 이동하도록 돕는 것이 액셀러레이터가 하는 첫 번째 역할이다.

최근 성공한 스타트업 소위 유니콘 기업을 떠올려 보자. 유니콘 기업들의 성장 과정을 보면 고객 관점으로 출발한 경우가 다수이고, 시장 크기뿐만 아니라 사업 모델, 신규 고객 발굴 등 새로운 업을 창조하는 스토리를 형성하고 있다. 관점의 차이는 전혀 다른 스토리를 만들어낸다. 그 출발점에 따라 시장의 범위, 비즈니스 모델, 경쟁방식이 결정되고 전혀 다른 스토리텔링으로 나아간다.

고객 관점과 기업 관점은 어떤 차이가 있을까?
시장의 크기, 경쟁요소, 비즈니스 모델, 핵심 고객 선정 등이
스타트업에 어떠한 영향을 미치는가?

다시 한 번 자동차를 떠올려 보자. 대기업의 마케팅기획팀 또는 경영전략팀에서 정기적으로 작성하는 보고서 내용에는 자사와 경쟁사의 시장 정보가 항상 빠지지 않고 앞부분에 등장한다.

시장 규모의 성장 혹은 축소 여부

시장 점유율 (전체 시장에서 당사 점유율, 상대적 시장 점유율 등)

판매 가격 비교

동종업계 신제품 출시 및 동향 등

자동차 산업의 경우에도 자사의 완성차 판매 대수, 경쟁사 동향 등을 정기적으로 파악하고 있다. 좀더 나아가 내수 시장과 글로벌 시장을 구분해서 완성차 판매 대수의 해외 경쟁사 동향 추세까지 주목할 것이다. 경쟁사에 대한 정보와 시장 정의가 명확한 산업에서 기업 내 마케터, 기획 담당자는 통계 자료와 숫자로 이루어진 시장 현황을 파악한다. 이것이 기업 관점이다. 정부에서 발표하는 통계, 금융기관에서 발행하는 투자 동향, 협회에서 발표하는 각종 자료를 통해서 시장을 정량적으로 바라보는 점이 특징이다.

예를 들어 코로나19 이후 중고차가 신차 대비 높은 만족도를 보이는 지표가 있다. 기업 관점에서 자동차 시장에서의 사업 확장을 신차와 중고차 판매량에 주목할 수 있다. 중고차 시장을 사업 영역으로 충분히 고려할 수 있다. 위 사례에서 보면 기업 관점에서 바라보는 시장 판단 중심은 완성차다. 완성차 메이커들이 형성한 산업 구조에서는 중고차 역시 완성차 사업 모델의 연장선이다. 자동차 메이커 기업 관점에서는 자동차 산업은 곧 완성차를 중심으로 형성된 시장이라고 할 수 있다. 사례에서 느껴지는 바와 같이 기업 관점은 스타트업과는 조금 거리가 있다.

아직도 지금 작성하는 피치덱 스토리의 구조가 고객 관점인지 헷갈린다면 아래의 기준에 따라 판단하길 바란다. 아래의 내용에 가깝다면 기업 관점으로 사업을 본다고 할 수 있다.

> 각종 통계, 정책 기사, 연구 보고서 인용이 많이 차지하는 반면 발로 뛰어서 얻는 정보는 부족한 경우
> 이미 누군가에 의해서 형성된 산업 구조에 순응하면서 일부를 개선하려는 경우
> 새로운 시장 수요 창출보다는 시장 진입, 시장 점유율 확대에 주력하는 경우

초기 스타트업은 고객 관점에서 시장을 바라보는 능력이 필요하다. 하지만 현장에서는 알면서도 우왕좌왕하는 경우를 많이 목격한다. 위의 기준을 통해 스스로 진단을 완료한 뒤, 고객 관점으로의 전환을 위한 준비가 되었기를 바란다.

이제 스타트업이 흔히 부딪치는 피칭 스토리텔링의 문제적 지점을 본격적으로 만나게 될 것이다. 그리고 그것을 여섯 가지 키워드를 통해 돌파하고자 한다. 흥미, 기억, 호흡, 절제, 기대, 감동을 통해 문제의 해결방법을 고민하자.

피칭 스토리텔링 업그레이드를 위한 키워드 ❶

흥미 :
피칭은
설명하지 않는다

> "
> 스토리를 다룰 수 있는
> 능력이야말로
> 피칭의 기술이라고
> 할 수 있다.
> "

고객의 문제 상황으로부터 공감과 흥미를 이끌어내는가?

투자자들은 우리의 피칭에서 무엇에 흥미를 느낄까? 투자자들은 수익성이 크고, 성장 가능성이 높은 사업을 찾고 있다. 이를 위해 스타트업의 피칭에서 이야기하는 논리와 근거를 끊임없이 확인하고 싶어 한다.

투자자들이 투자에 대한 불안을 해소하고 투자에 나서도록 하려면 정보의 전달이 아닌 공감, 제품 설명이 아닌 설득이라는 피칭의 기술이 필요하다. 만약 우리의 청중이 어떤 사람들이고, 그들이 듣고자 하는 것이 무엇인지 잘 알고 있다면 자연스럽게 설득력 높은 피칭을 할 수 있겠지만 대부분 스타트업은 자기 제품과 서비스를 소개하는 데 집중하다 정작 이 부분을 놓치곤 한다.

발표용 피치덱은 대략 10~15장 분량 슬라이드로 간결하게 구성한다. 비교적 짧은 시간에 투자자의 마음을 사로잡아야 하기에 사업계획서와는 구성이 다르다. 많은 투자자가 듣고 싶어 하는 것은 기업 정보의 나열이 아니라 투자자들의 공감을 불러일으키고 그들의 흥미를 이끌 수 있는 간결한 한두 개의 스토리다. 스토리를 이야기해낼 수 있는 능력이야말로 피칭의 기술이라고 할 수 있다.

스토리가 영화, 소설 이외에 비즈니스 세계에서도 중요한 이유는 다양한 방식으로 감동과 재미를 주기 때문이다. 우리의 마음을 새로운 관점으로 열어주고, 영감을 주고, 설득하며, 자신감을 키워주고, 변화를 불러일으킨다. 그리고 스토리는 기억하기 쉽다. 어릴 적 할머니에게 들었던 이야기는 어른이 된 지금까지도 생생하게 기억나곤 한다. 인간은 설명보다 스토리를 통해 깨우친 것을 22배 더 잘 기억한다는 연구 결과에 주목할 필요가 있다. 같은 사실도 스토리로 접하면 기억하기 쉽고 이해하기 쉽다. 게다가 스토리는 듣고 나서 전달하고 전파하기 쉽다. 투자자를 대상으로 피칭할 때도 이러한 스토리의 장점을 활용하는 것이 바람직하다.

공감과 관심을 일으키는데 효과적인 피치덱 슬라이드 중 하나가 바로 문제Problem이다. 고객이 겪는 문제는 사업의 필수 조건이다. 피치덱 중 가장 흥미로운 요소가 될 수 있다. 다만 문제 슬라이드를 통계 자료를 동원해 문제 현상으로만 채울 경우, 단순한 정보 전달로 끝날 가능성이 높다. 따라서 '사업의 필요성'이자 피치덱의 '문제'는 문제 현상과 정보의 나열이 아닌, 문제에 대한 전반적인 스토리라인을 포함한 문제 상황Situation까지 함께 보여주는 것이 좋다. 그렇다면 문제 상황을 도출해내기 위해서는 어떻게 해야 할까?

핵심 고객을 인터뷰하면서
상황을 찾아보는 것도 방법이다

보안 솔루션을 개발한 스타트업의 피치덱을 컨설팅한 적이 있었다. 기술력도 좋고 견인 지표도 어느 정도 확보된 상태였는데, 문제를 도출하기 어려워했다. 보안요원들이 이 솔루션을 사용할 경우 이전보다 훨씬 편해진다는 것은 알겠는데, 그것만으로는 막연했다. 좀더 디테일한 문제 상황이 필요하다고 판단되었다.

그래서 보언 업체에게 보안요원들을 인터뷰할 수 있는지 물었다. 대표님은 단번에 가능하다고 대답했다. 심지어 주말도 되기 전에 대표님이 인터뷰를 끝내고 내용을 공유해주었다. 인터뷰에는 건물에 침입자가 나타났을 때 보안요원들이 어떤 과정으로 해결하는지 자세히 정리되어 있었다. 보안요원 4명이 투입되어도 최대 6시간 걸리는 작업이었다. 이 솔루션을 사용하면 보안요원 1명만으로 단 10분 만에 해결이 가능했다. 즉, 인터뷰를 통해 '보안요원 업무 프로세스'라는 문제 상황을 도출한 것이다.

핵심 고객의 일과를 따라가면
상황이 보일 것이다

식당에서 버려지는 음식물을 줄일 수 있는 솔루션을 개발했다고 치자. '식당에서 발생한 음식물쓰레기가 매년 몇 톤이고, 처리 비용은 조 단위가 넘어가며, 이로 인한 경제적 손실과 온실가스 배

출량이 이만큼 어마어마하다'고 설명하는 것은 문제 현상이다.

피치덱을 만들어야 하는 우리는 문제 현상이 아닌 문제 상황을 찾아야 한다. 우선 식당 주인의 일과를 한번 정리해 보자. 가게로 출근해서 청소를 한다. 어제 발주했던 식재료가 도착하면 다듬기 시작한다. 드디어 오픈 시간, 문을 활짝 연다. 오전 영업이 끝나고 브레이크 타임을 맞는다. 10분 만에 후다닥 밥을 먹고 전쟁터 같은 식당을 정리한다. 다시 오후 영업을 위한 식재료를 다듬는다.

그런데 갑자기 비가 내린다. 배달하지 않는 매장이다 보니 날이 궂으면 손님의 발길이 끊긴다. 역시나 드문드문 있던 손님이 오후 8시 이후 딱 끊겼다. 어제 발주한 식재료가 많이 남았다. 오후 영업을 위해 만들어 둔 음식도 마찬가지다. 이 상태라면 다 버려야 할 수도 있다.

만약 식당과 날씨 데이터를 분석해 내일의 식재료 소비량을 예측해주는 솔루션이라면, 비가 오면 매상이 저조한 매장 특성상, 비 오는 날 발주 넣었던 식재료가 많이 남아 버려야 하는 상황이 문제 상황이 될 것이다. 또는 남은 음식을 저렴하게 판매할 수 있는 재고 판매 플랫폼이라면 '예상치 못하게 손님이 적게 온 날, 만들어 둔 음식이 많이 남아 버려야 하는 상황'이 문제 상황이 될 것이다. 이처럼 핵심 고객의 일과는 문제 상황을 도출하는 열쇠가 되기도 한다.

머릿속으로 한 컷의 이미지를 떠올릴 수 있다면
문제 상황일 가능성이 크다

한 컷의 일러스트가 있다. 벤치에 앉은 두 남녀가 강을 바라보는 일러스트이다. 움직임이 없는 그림이지만, 구석구석 찬찬히 살펴보면 전후 사정이 예상되거나 그 안에 여러 스토리가 녹아있다는 걸 알 수 있다.

벤치에 앉은 두 남녀는 가까이 붙어 있지만, 상대방의 어깨에 머리를 기대거나 손을 잡고 있지는 않다. 그렇다고 편하게 풀어진 모습으로 앉은 것도 아니다. 허리를 바르게 세우고 앉은 것이 상대방을 의식하고 있는 것처럼 보인다. 두 남녀는 아마도 좋은 감정으로 만나는 사이 이른바, 썸타는 중일지 모른다.

마찬가지로 어린이집 낮잠 시간이다. 집에서 가져온 애착 담요를 덮은 아이들이 도롱도롱 느긋한 숨소리를 내고 있다. 한 켠에서는 어린이집 선생님이 오늘 찍은 사진을 가위로 바지런히 자르고 알림장에도 일일이 글씨로 내용을 쓰고 있다. 아이들이 세상모르고 단잠에 빠져있는 동안, 선생님은 누구보다 치열하게 업무를 하는 것이다.

그렇다면 선생님이 수작업으로 하는 이 업무를 온라인으로 해결할 수 있도록 하면 어떨까? 촬영한 사진을 출력하고 가위로 자를 필요 없이 터치 몇 번으로 학부모에게 공유하고, 알림장도 글씨체, 가독성 걱정 없이 타이핑으로 작성한다면 업무 효율이 높아질 것이다. 이처럼 머릿속에 한 장의 이미지로 떠올릴 수 있다면 그것은 문제 현상이 아니라, 문제 상황일 가능성이 크다.

피칭 스토리텔링 업그레이드를 위한 키워드 ❷

기억 :
상대가
듣고자 하는 말을 한다

> "
> 설득을 위한 스토리는
> 내가 하고 싶은 이야기가 아니라
> 상대방의 입장에서 궁금해할
> 부분을 준비해야 한다.
> "

● 우리의 피칭은 청중에게
  '무엇'으로 기억될 것인가?

　　　설득을 위한 스토리는 내가 하고 싶은 이야기가 아니다. 상대방의 입장에서 궁금해할 부분을 준비하는 것이다. 만약 스타트업 대표가 투자자 혹은 예비 주주에게 제2의 카카오톡이 될 거라고 피칭을 시작한다면 어떨까. 그런 막연하고도 뻔한 문구에는 아무도 집중하지 않을 것이다.

　　　오히려 투자자가 먼저 알고 싶은 부분인 '우리 모두가 알고 있는 문제에 대한 공감대 형성', 또는 '우리 기업만이 생각해낸 새로운 비즈니스 모델', 그리고 '미처 발견하지 못한 새로운 고객'에 대한 것이다. 이러한 것들을 먼저 언급한다면 보다 큰 관심을 끌어낼 수 있을 것이다.

　　　비즈니스에서 필요한 스토리를 만들기 위해서는 상대방에 대한 이해가 우선되어야 한다. 나는 멘토링과 코칭의 현장에서 수많은 창업가를 만난다. 이때 창업가들에게 처음으로 묻는 것이 있는데, 투자가가 듣고 싶어 하는 것이 무엇인지를 알고 있는가이다. 투자자, 또는 심사 역이 듣고 싶은 이야기를 탐색하기 위해서 여러 투자자 네트워크와 밋업 행사에 많이 참여하는 것도 좋다. 투자자가 자주 질문하는 것을 정리해 두고 이를 기반으로 피칭을 준비한다면 그들이 가장 듣고 싶은 내용을 간결하게 전달할 수 있을 것이다.

피칭에서 유독 기억에 남는 이야기는 무엇인가? 투자자에게 강렬하게 기억될 전략을 소개한다. 청중에게 무엇으로 기억될 것인지 고민해 보자.

얻고자 하는 것을 직접적으로 이야기한다

피칭을 준비하기 전, 창업가 스스로 이번 피칭의 목적이 무엇인지 정할 필요가 있다. 그리고 피칭 때 얻고자 하는 바를 구체적으로 밝히는 것도 청중의 귀를 붙잡는 좋은 방법이다. 청중에게 이번 피칭을 하게 된 계기와 동기, 무엇보다 청중이 이 피칭을 들어야 하는, 관심을 가져야 하는 이유를 자신 있게 이야기한다면 꽤 매력적일 것이다. 투자자들에게 투자 가치를 산정하는 기준은 너무나도 다양하고 변수가 많기에 이렇게 조언할 수 있는 것이다.

문제의 크기에 대해 이야기한다

초기 스타트업을 만날 경우 그들이 풀고자 하는 문제, 그 문제가 시장에서 받아들여질 값어치의 크기에 대한 궁금증이 크다.

그렇기 때문에 풀고자 하는 문제가 얼마나 큰지 설명할 수 있는 객관적인 지표의 사용이 필수다.

솔루션의 현금 창출 능력에 대해 이야기한다

다음으로는 우리의 솔루션을 시장이 채택해야 할 때가 된 이유를 제시해야 한다. 솔루션은 어떻게 시장에서 비즈니스 모델로 전환되는지, 현재 잘 작동하고 있는지, 또는 작동될 수 있는지를 제시해야 한다. 솔루션이 가지고 있는 충분한 현금 창출 능력을 보여줘야 한다는 이야기이다.

폭발적인 성장 지표를 제시한다

우리의 제품과 비즈니스 모델은 어느 시장에서건 경쟁 구도 내에 존재한다. 투자자는 경쟁사로부터 우리 제품의 경쟁 우위가 무엇인지를 분석한다. 최대한 시장 리스크에 대비하고자 하기 때문이다. 그러고는 앞으로 얼마나 더 큰 성과로 이어 갈 수 있는지 판단하기 위한 근거 지표를 강하게 요구한다. 수익 시장의 규모와 전체 시장에 대한 실현 가능성을 확인하면, 우리 회사의 현재 가치와 미래 가치를 쉽게 계산할 수 있기 때문이다.

투자자의 질문에 주목한다

마지막으로 투자자의 질문에 대해 강조하고 싶다. 피칭은 청중과 나누는 아주 짧은 대화다. 이 짧은 대화를 잘 이끌기 위해서는 청중의 질문에 귀기울여야 한다. 청중이 듣고 싶어 하는 이야기는 그들의 질문에 있다. 청중(투자자)이 우리의 사업에 관한 이야기를 듣고 나서 하는 질문에 정작 그들이 듣고 싶어 하는 내용이 전부 들어있다. 투자자의 질문은 더 나은 피칭을 위한 초석이자 귀한 피드백이다.

피칭 스토리텔링 업그레이드를 위한 키워드 ❸

호흡 :
피치덱은
빨리 읽히지 않는다

"
핵심 내용을 고민하면서
첫 발걸음을
시작해야 한다.
"

● 지루할 틈 없이 투자자들의 기대를
　빠르게 충족시키는가?

　　　　　피칭은 5~10분으로 짧다. 피칭 시간의 반이 지나갈 때까지 제품 이미지를 보여주지 않았다고 해보자. 그렇다면 피칭을 듣는 투자자들은 그동안 어떤 제품이 등장할지 두근두근 설레는 기대를 하게 될까? 아니다. '도대체 지금 뭘 말하고자 하는 거지?' 하는 의아함으로 시간을 채울 뿐이다. 그런 시간이 지나고 드디어 제품 이미지가 등장해 상황을 반전할 수도 있겠지만, 대부분 그마저도 인상적이지 못하다. 참고 이미지나 다름없이 활용되는 게 부지기수다. 그것으로 투자자의 기대를 충족할 수 있을까?
　　　　짧은 피칭 시간을 잘 활용하기 위해서는, '어떤 이야기를 할 것인지' 미리 보여줘야 한다. 말 그대로 본론부터 시작해야 한다. 첫 번째 슬라이드에 제품 이미지 그리고 제품을 설명하는 매력적인 문장이 필요하다. 마치 예고편처럼 첫 번째 슬라이드만 보고도 투자자들이 피칭 내용을 기대하도록 말이다. 본격적으로 피칭이 시작되면 투자자들이 기대하는 내용을 풀어놓아야 한다. 〈고질라 VS 콩〉 영화의 예고편을 보고 관람객들은 거대한 두 괴수의 묵직한 싸움 장면을 기대할 것이고, 피치덱에서는 첫 번째 슬라이드에서 제품의 '사용법 영상'이나, '고객과 시장의 반응' 등을 보여줘야 한다.

처음에 제품을 보여주고 시작한다면 "정확히 무엇을 파는거냐?", "실체가 없는 것 같다"는 피드백은 최소한 피할 수 있을 것이다.

헤드 메시지로 대략적인 내용을 이해할 수 있어야 좋은 피치덱이다

피치덱의 각 슬라이드는 만화로 치면 하나의 컷에 해당한다. 컷들이 모여 하나의 스토리로 연결된 만화가 되듯이, 각 슬라이드가 모여 하나의 사업 내용으로 연결된 피치덱이 된다. 다시 말해, 피치덱의 슬라이드가 각각 다른 내용을 담고 있는 것처럼 보이지만 그것들이 모두 전체적인 하나의 흐름(스토리)으로 이어져야 한다는 뜻이다.

이 흐름은 슬라이드마다 삽입된 헤드 메시지만 읽어도 이해될 수 있어야 한다. 만약 헤드 메시지가 없다면 슬라이드에 첨부된 이미지나 영상을 통해 메시지를 전달할 수 있다.

IR 피칭 준비를 위한 대기 시간을 생각해 보자. 투자자들은 이 시간 동안 잡담을 하기도 하지만, 자연스럽게 출력해 놓은 피치덱을 넘기면서 훑어본다. 이때, 눈에 직관적으로 들어오는 헤드 메시지가 피치덱의 전체 스토리를 이해하는데 큰 역할을 한다. 우리가 청소를 하면서 틀어놓은 TV 드라마 대사만 들어도 얼추 어떤 장면인지 예상할 수 있는 것처럼 말이다.

이런 이유로 피치덱에 쓰이는 헤드 메시지와 카피는 추상적인 표현을 지양하고, 명쾌한 문장으로 작성해야 한다. 예컨대 '안전한 사회를 만들기 위해'라는 두루뭉술한 문장보다는, '범죄징후 예측하는 CCTV 영상분석 솔루션'이라는 카피가 사업 아이템의 실체를 더 확실하게 보여준다.

투자자가 느끼는 첫인상 '제목 슬라이드',
15초 내에 강한 인상을 주지 못하면 그걸로 끝이다

첫인상, 처음 각인된 인식은 결국 마지막까지 모든 판단에 대한 절대적인 지배자로 군림한다. 영화 〈기생충〉은 인상적인 첫 장면이 마지막 장면과 비슷한 연출로 대응되면서 위층과 아래층 두 가족의 상반된 이미지를 효과적으로 전달한다.

음악은 첫마디에서 박자의 중요성을 강조한다. 첫 박자를 놓치게 되면 나머지 흐름도 꼬이면서 곡 전체가 엉망이 된다. 인간관계도 마찬가지다. 처음 보는 사람에 대한 인상은 쉽게 변하지 않는다. 그래서 첫인상이 매우 중요하다. 투자자는 어떨까? 투자자라면 대단히 논리적인 근거로 투자 결정을 내릴 것으로 생각하는데 천만의 말씀이다. 투자자도 여러분과 같은 평범한 사람이다. 피칭에서도 첫인상은 중요한 판단 기준으로 작동한다. 투자자들은 수많은 아이디어를 거절하는 일에 익숙하다. 강렬한 첫인상이 없으면 차후 미팅을 잡지 않는다.

첫인상을 형성하는데 얼마나 시간이 걸릴까? 심리학 연구자들은 최대 30초면 충분하다고 한다. 그럼 투자자가 자료를 보면서 다음 미팅 여부를 결정하는 건 얼마나 걸릴까? Medium 사이트에 따르면 미국 투자자들은 피치덱을 검토할 때, 슬라이드당 평균 15초 미만을 소비한다. 피칭은 10여 분의 투자사업계획서 피칭과 이후 질의응답 시간을 포함해 대략 1시간 내외로 진행한다. 투자자의 마음을 움직이는데 필요한 시간은 첫인상이 만들어지는 시간과 동일하게 15초에서 30초면 충분하다. 즉 피치덱 전체에서 첫 제목으로 판가름난다. 첫인상이 투자자의 선택을 바꿀 수 있다.

슬라이드 하나에 소화하는 15~30초가 짧다고 생각할 수 있다. 스타트업의 피칭을 떠올려 보자. 피칭을 위해 투자회사(개인투자조합 GP가 있는 회사 등)에 방문하면 노트북이 모니터로 연결된 회의실을 안내한다. 그런 다음 화면에 프레젠테이션을 올리고 피칭을 시작할 때까지 기다린다. 잠재 투자자가 한 명씩 방에 들어온다. 몇 분 후 프레젠테이션을 시작할 때까지 이런저런 잡담을 나누는 동안, 화면에 있는 첫 번째 제목 슬라이드는 계속 노출되고, 투자자도 이를 자연스럽게 주목하게 된다. 스타트업의 피칭 때 흔히 일어나는 상황이다. 필자 역시 자주 경험한다. 5~10분 동안 잠재 투자자들에게 꾸준히 노출되는 한 장의 슬라이드는 엄청난 기회라고 할 수 있다. 그만큼 제목이 담긴 첫 번째 슬라이드가 중요하다.

제목의 중요성은 아무리 강조해도 지나치지 않다. 그렇기에 제목을 너무 쉽고 빠르게 정하려고 하면 안 된다. 영화 시나리오 작가나 TV 드라마 작가도 본문 작성에 60% 힘을 쏟는다면, 나머지 40%를 제목에 집중한다. 깊은 고민의 시간이 필요한 것이다. 그 이유는 간단하다. 제대로 된 제목에는 핵심 내용Core이 포함된다. 핵심 내용을 적절하게 반영한 제목은 관심을 끌 수 있다. 스타트업의 스토리가 바로 그 핵심 내용이다.

스토리는 스타트업이 전달하고 싶은 정보, 아이디어, 감정적 촉발, 상품 핵심 가치 등을 교묘하게 숨기고 있다. 좋은 제목에는 당신의 회사가 지닌 독창적인 장점이 반드시 존재한다. 현명한 투자자라면 이 미세한 차이점을 바로 알아챌 것이다. 핵심 내용을 고민하면서 첫 발걸음을 시작해야 한다. 로고, 템플릿 등 디자인 콘텐츠는 이러한 스토리가 정해진 이후에 그를 뒷받침할 수 있도록 준비하는 것이 훨씬 효과적이다.

피칭 스토리텔링 업그레이드를 위한 키워드 ④

절제 :
양으로
승부하지 않는다

> "
> 피치덱과
> 사업계획서는
> 같아 보이지만
> 엄연히 다르다.
> "

● 피치덱 자료에
방대한 양의 사업계획서 대신
핵심 내용이 담겼는가?

        벤처캐피탈과의 IR 피칭을 앞둔 업체들과 1:1 멘토링을 진행한 적이 있다. 해당 프로그램에서 한 기업에 배정된 멘토링 시간은 1시간에 불과했다. 더군다나 멘토링이 연달아 이어졌기에 주어진 시간을 잘 활용하는 것이 매우 중요했다.
        간략한 가이드 수준의 코칭을 제공하더라도, 핵심적인 포인트를 함께 검토하는 과정이 필요했다. 보통의 피칭 검토에 소요되는 시간과 유사한 시간동안 검토해, 오히려 피치덱의 문제점과 개선점을 부각하는 효과가 있었다. 두 번째 업체까지는 무리 없이 멘토링을 마무리했다. 문제의 세 번째 업체와 멘토링을 시작했다. 사전에 업체 자료들을 공유받지 못했던 상황이었다. 기존에 작성한 피치덱 내용을 살펴보면서 기업과 아이템을 이해하는 것으로 멘토링을 시작했다. 세 번째 업체 대표는 출력해 온 피치덱을 나에게 내밀었고, 순간 나는 몹시 당황했다. 피치덱이라고 칭하기 힘든 그 자료는 1cm 이상의 두께로 스프링 제본까지 된 한 권 분량의 책이었다. 10분 발표를 위한 피치덱이라고 하기엔 너무 양이 많았다. 더구나 페이지마다 텍스트가 빼곡하게 들어차 있었다.

가끔 이런 실수를 한다. 사업계획서와 피치덱을 구분하지 않고, 데모데이나 투자 유치를 위한 피칭 자리에 기존 사업계획서를 피치덱으로 가지고 오는 경우다. 발표용 피칭에서 쓰이는 피치덱과 사업계획서는 같아 보이지만 엄연히 다르다.

피치덱은 스타트업 사업계획서를 간결하고 전달력 있게 요약하고 정리해, 투자 판단에 필요한 주요 내용을 5~10분 정도 피칭에 맞추어 작성한 문서이다. 이때, 사업계획서 내용을 단순히 요약하는 일에서 그치면 안 된다. 투자자가 궁금해하는 핵심 사항을 스토리 기반으로 전달해 관심을 유발하는 것이 잘 작성된 피치덱이라고 할 수 있다. 세 번째 업체 대표는 자료의 페이지를 이리저리 넘기면서 사업에 대한 소개를 이어갔다.

돈을 세듯이 페이지를 세기도 했고 불필요한 부분은 뭉텅이로 넘기기도 했다. 어디에 어떤 내용이 있는지 본인도 헷갈려 했다. 목차 페이지로 돌아와 페이지를 확인하고 설명하기도 했다. 이 자료를 이용해 나에게 하듯이 벤처캐피탈을 만나서 피칭을 한다고 생각하니 아찔했다. 기억하자. 피치덱을 준비할 때는 우선 기존 자료를 덜어내야 한다. 간결하게 정리된 핵심 내용을 중심으로 스토리의 가닥을 잡아가는 것이 중요하다.

● 피치덱을 이끌어나갈 주인공은 1~2명
나머지 등장인물은 모두 덜어낸다

피치덱에서 다루는 문제는 일반적으로 고객이 겪는 문제 상황과 일치한다. 고객은 바이어Buyer, 유저(End) User, 페이어Payer, 클라이언트Client, 컨슈머Consumer 등으로 다양하게 구분할 수 있으며, 하나의 사업에 여러 종류의 고객이 존재하기도 한다.

어린이용 콘텐츠 플랫폼을 예로 들어 보자. 콘텐츠를 구매하는 부모, 실제 콘텐츠를 소비하는 어린이, 콘텐츠를 제공하는 공급자, 플랫폼을 광고로 활용하는 광고주 등이 플랫폼이라는 하나의 서비스 안에서 동시에 활동한다. 그러나 사업 영역에 관여하는 모든 고객이 핵심 고객이 되는 것은 아니다. 핵심 고객을 정확히 구분하고 그에 따른 확고한 전략을 제시하는 것이 필요하다.

'핵심'에 대한 정보와 어필이 중심이 되어야 한다. 이는 시장과 사업에 대한 높은 이해도를 증명하고, 투자자에게 신뢰를 주는 요소가 된다. 또 불필요한 분량의 자료가 자연스럽게 다이어트 되는 효과도 있다. 이러한 정제된 피치덱이 더욱 인상적이고 전달력이 있다. 그러므로 피치덱 전체 스토리를 이끌어갈 1~2명의 주인공을 제외하고 나머지 등장인물은 과감하게 모두 덜어내야 한다. 이 작업에도 용기가 필요하다. 그리고 주인공을 피칭 스토리라인의 중심에서 멀리 떨어뜨리는 실수를 경계해야 한다. 바이어가 문제 상황을 언급했다면, 솔루션에서는 문제 상황 해결을 통해 바이어가 느낄 핵심 가치를 설명할 수 있어야 한다. 마찬가지로 비즈니스 모델도 바이어에게 어떻게, 어느 정도 가격으로 팔 것인지에 대한 뚜렷한 관점이 중요하다. 앞에서 플레이어의 문제 상황만 이야기하고 정작 솔루션에서 유저가 느낄만한 핵심 가치를 설명하지 못하면 피치덱의 맥락만 잃는 것이 아니라, 투자자들의 관심도 잃게 될 것이다.

● 주인공의 사용 프로세스에
　해당하는 서비스로 충분!
　나머지는 덜어낸다

　　　　　제품 라인업이 많거나 서비스의 기능이 많은 제품을 가진 대표들이 IR 피칭 자리에서 주로 저지르는 실수가 있다. 제품 또는 기능들을 단순 나열하느라 시간을 잡아먹는 것이다. 업체의 입장에서는 제품 하나하나, 기능 하나하나가 모두 소중하겠지만 그 내용을 전부 전달하기에 5분~10분인 피칭 시간은 짧다.

　　　　　따라서 문제-해결방법에서 언급한 주인공과 문제 상황이 연결되는 서비스와 기능을 중심으로 선별해야 한다. 반면 중요도가 떨어지는 나머지는 덜어내는 것이 맞다. 선별이 끝났다면 이 내용을 주인공의 사용 프로세스에 맞춰 단계적으로 보여줌으로써 투자자들의 이해를 돕도록 한다. 피칭을 듣고 있는 투자자가 흡사 피치덱 속 주인공이 되어 제품과 서비스를 이용하는 듯한 느낌이 들도록 말이다.

● '칠하원칙'에 맞춰 전체 맥락을 구성!
맥락을 벗어나는 데이터는 모두 덜어낸다

글쓰기의 기본이라고 할 수 있는 육하원칙은 '누가, 언제, 어디에서, 무엇을, 어떻게, 왜'라는 여섯 가지 항목을 다루고 있다. 피치덱에는 '누가, 언제, 무엇을, 어떻게, 왜, 누구에게, 그리고 무슨 효과를 기대하며'라는 칠하원칙이 있다고 말하고 싶다. 그리고 이 칠하원칙으로 만들어진 문장은 피치덱 내용이 중구난방 흩어지지 않도록 전체 맥락을 잡아주는 역할을 하게 된다. 예를 들어, 중고 물품 거래 플랫폼을 칠하원칙으로 정리하자면 다음과 같을 것이다.

(누가) 사용하지 않지만 버리기 아까운 중고 물품이 있는 사람이
(무엇을) 중고 물품을
(언제) 언제든 편할 때
(왜) 필요한 누군가에게 팔기 위해
(어떻게) 중고 물품 거래 플랫폼에 사진·가격과 함께 글을 올려

(누구에게) 이 물건이 필요한 같은 동네 주민에게 판매한다면

(기대효과) 불필요한 제품도 처분하고 수익도 챙길 수 있다

    중고 물품 거래량(자원 재사용)이 늘어나 버려지는 물품이 감소한다. 환경보호 측면에서 긍정적인 효과가 분명히 존재할 것이다. 하지만, 상기 칠하원칙대로 피치덱의 전체 맥락으로 잡는다면, 환경적인 내용은 과감하게 덜어낼 수 있어야 한다. 대신, 안전한 중고 물품 거래를 위해 판매자·구매자와 신뢰도 레벨을 측정할 수 있는 기능을 충분히 언급할 수 있다. 맥락상 전체적인 내용을 탄탄하게 만들어주는 필요한 작업은 따로 있다.

    이처럼 우리가 보유하는 모든 기술, 경험, 역량, 데이터 등 자료들은 사용자의 프로세스(주인공)와 전체 맥락(칠하원칙)에 맞게 선별해 피치덱에 사용해야 한다.

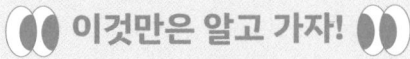

피치덱과 사업계획서 Business Plan
이름만 다를 뿐 같은 문서 아닌가요?

스타트업 피치덱은
제품 소개서, 회사 소개서, 정부 지원 사업계획서와 다르다.

창업팀이 이루고자 하는 비전과
비전을 이루는 팀 구성에 관한 스토리텔링이 핵심이다.
왜 제품, 서비스가 필요한가?
최적의 팀으로 이루어졌는가?

사업계획서 내용의 일부를 피치덱에서 활용하는 것은 맞지만,
사업계획서 내용을 그대로 요약하는 것으로는 충분하지 않다.

피치덱은 투자자가 궁금해 하는 핵심만을
적극적으로 피칭 Pitching 하는 목적으로 만들어진 문서다.

피칭 스토리텔링 업그레이드를 위한 키워드 ❺

기대 :
다음 장표가
기대되지 않으면 끝이다

"
내러티브가
결여된 피치덱은
흥미를 얻지 못할
확률이 높다.
"

● 피칭 스토리라인에
어떤 내러티브를 구사할 수 있을까?

아직도 현장에서는 내러티브와 스토리라인을 제대로 구사하지 못하는 경우가 많다. 얼개가 빈약하거나, 공감과 설득의 요소가 없다. 정보만 나열된 피치덱이 상당수이다. 내러티브가 결여된 피치덱은 흥미를 얻지 못할 확률이 높다. 이 사실을 항상 기억해야 한다.

피칭의 스토리라인은 일반적으로 3단계 구성을 갖춘다. 피칭의 시작에 해당하는 도입부, 중간 전개부, 맺음부로 이루어진 구성이다. 투자 제안 피칭의 경우, 도입부에서는 사업 아이디어 또는 문제와 시장에 대한 내용이 담겨야 한다. 그래야 투자자의 관심과 공감을 불러일으킨다. 중간 전개부에서는 투자 제안 사업의 시장성과 성장 가능성을 제시해야 한다. 뒷받침하는 객관적인 지표와 근거를 마련해 투자자를 설득하고 신뢰를 얻을 수 있다. 마지막으로 투자 제안의 목적, 투자금 규모와 자금 회수 가능성에 대한 확신을 어필하는 맺음으로 마무리한다.

시작 도입부 – 투자자가 믿고 싶어 하는 사실에 대한 '감정적 공감을 위한 내러티브'

중간 전개부 – 입증된 사실과 근거에 따른 인과 관계의 '연속적 긴장감을 위한 내러티브'

마무리 맺음부 – 투자자에게 우리의 미래 가치에 함께할 수 있는 '참여 기회의 안내를 위한 내러티브'

도입부 Opening

투자자가 믿고 싶어 하는 사실에 대한
'감정적 공감을 위한 내러티브'

투자자와의 만남에서는 첫인상으로 관심을 증폭시킬 수 있어야 한다. 피칭 도입부의 내러티브는 청중과 관심사가 얼마나 일치하는지를 목적으로 접근하는 것이 중요하다. 특정 사건, 즉 문제와 문제 상황을 소개하며 청중의 감정적인 이입을 유도해야 한다. 여기에 수익성과 성장 지표 등 입증된 사실을 제공해 이성적인 설득이 더해진다면 더욱 큰 공감에 이를 수 있다. 일반적인 사람과 마찬가지로 투자자 역시 자신이 평소에 잘 알고 있거나 감정적으로 믿고 싶어 하는 사실에 관심과 공감이 가는 법이다.

여기서 아리스토텔레스의 설득법을 떠올릴 수도 있다. 말하자면 전자는 파토스 Pathos이고 후자는 로고스 Logos에 해당한다. 아리스토텔레스는 인간이 보편적으로 이성보다 감성이 강하다고 보고, 파토스가 로고스보다 우선한다고 보았다. 그렇다면 감정적인 공감에 이은 이성적인 설득이라는 순서가 조금 더 효과적인 피칭이라고 생각할 수 있다.

여기에 더해 에토스Ethos라는 방법까지 염두하면 좋다. 에토스는 화자話者, 즉 말하는 사람의 성품, 매력도, 카리스마, 또는 진실성에 중점을 둔다. 이러한 요소가 피칭의 내용과 별개로 청중에게 강한 신뢰와 공감을 만들어내는 경우가 있을 수 있다. 예를 들어 스티브 잡스와 같이 매력적인 인물은 그 자체로 논리적이거나 감정적인 설득력 이상의 무엇을 지니고 있다. 그러나 피칭하는 모든 스타트업이 스티브 잡스의 카리스마를 갖출 필요는 없다. 피칭이 개별적인 내러티브를 갖추지 못했다면, 화자가 아무리 매력적이라도 투자자를 움직이기 힘들기 때문이다.

전개부 Body
입증된 사실과 근거에 따른 인과 관계의
'연속적인 긴장감을 위한 내러티브'

2011년 개봉한 영화 〈머니 볼Money Ball〉은 미국 메이저리그 최하위 오클랜드팀의 부진을 극복하고 메이저리그 역사상 기적적인 20연승을 기록했던 감동적인 실화를 바탕으로 만들어졌다. 이 영화에서 주목할 만한 점이 있다. 경제학 전공자인 부단장 피터가 철저하게 객관적인 데이터와 사실 입증을 바탕으로 선수 영입 근거와 투자 가치를 단장에게 설득하는 내러티브를 구사한다는 점이다. 이들이 사용하는 세이버메트릭스Sabermetrics는 영입 선수의 투자 가치를 설득하는 과학적인 데이터와 지표, 입증된 팀 성적 등 데이터 사이의 연속된 인과 관계를 연결해 보여 준다.

피칭의 전개부에서는 투자자가 투자 가치를 입증할 사실과 지표를 확인하고 공감하게 하는 것이 중요하다. 객관적인 근거와 사실로 문제점을 확인시켜 줄 수도 있다. 도입부에서 제시한 문제 상황이 발생하는 이유와 문제로 인해 야기되는 결과, 이러한 인과 관계를 논리적으로 완결 지음으로써, 투자자에게 투자 가치 판단의 근거를 제시할 수 있다.

예를 들어 시드 투자 단계인 초기 스타트업의 경우, 비즈니스 모델과 프로덕트(또는 MVP)가 시장에서 어떤 의미 있는 반응을 보이는지 내러티브로 전개할 수 있다. 고객의 반응에 관한 내러티브는 그 자체로 우리 비즈니스 모델이 시장에서 채택될 가능성이 높다는 걸 보여주는 흥미로운 결과이다. 여기에 '소비자의 반응이 구매로 전환되고 있다'는 근거, 즉 '현금 창출이 이뤄졌다'는 내러티브 연결은 사업의 성장 가능성을 입증하는 내용으로 기능한다.

이처럼 내러티브는 고객의 반응으로부터 시장 지표를 확보하고, 이를 통해 매출 확신(추정)과 입증된 수익성을 담는다. 그로써 사업화 능력과 성장 가능성에 대한 신뢰를 만드는 것이다. 따라서 피칭의 중간 전개부에서는 가설과 주장을 뒷받침하는 논리적 근거와 입증된 사실을 중심으로 전개하는 내러티브의 연속성이 중요하다.

고객의 반응으로부터 시장 지표를 확보하고, 이를 통해 매출 확신과 입증된 수익성을 내포한 내러티브는 투자자에게 사업화 능력과 성장 가능성에 대한 신뢰를 준다. 그러므로 피칭의 중간 전개부에서는 가설과 주장을 뒷받침하는 논리적 근거와 입증된 사실을 중심으로 이야기를 전개, 내러티브의 연속성을 갖추는 것이 중요하다.

맺음 Ending

투자자에게 우리의 미래 가치에 함께할 수 있는
'참여 기회의 안내를 위한 내러티브'

피칭의 마무리에서는 투자자에게 현재 그들의 투자 목적이 무엇인지를 상기시켜주는 메시지가 필요하다. 피칭 준비단계에서 수집한 투자자 정보를 활용해 투자금 회수 목적의 투자 수익성, 다시 말해 재무적 투자가 목적인지, 아니면 신사업 개척, 회사 간 시너지 등의 전략적 투자가 목적인지를 파악하는 것이 무엇보다 중요하다.

무엇보다 맺음 단계에서는 피칭의 목적을 명확히 해야 한다. 투자자를 상대로 하는 피칭은 회사를 소개하는 자리가 아니다. 초기 사업 모델의 경우라면 우리 사업의 현재 가치를 산정하고 장기적인 비전을 제시해 레버리지를 통한 더 큰 시장으로의 확장을 확신할 수 있어야 한다. 즉 미래 지향적인 내러티브가 필요하다. 그들에게 스타트업의 미래 가치 창출에 어떤 형태로든 참여할 수 있는 길을 보여줘야 한다.

    투자에 대한 친절한 안내로 기억되려면 다시 청중을 리딩하는 피칭, 즉 내러티브의 완결성을 놓치지 않고 구사해야 한다. 여기에 기회가 있다. 피칭 스토리라인은 '처음-중간-맺음'으로 완결된 하나의 이야기다. 다시 말해 인과 관계의 연속된 내러티브로 완결해야 하고, 하나의 스토리라인으로 기억할 수 있어야 한다. 완결되지 않은 개별 스토리의 나열은 청중의 몰입과 주목을 방해할 뿐이다.

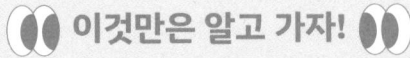

여덟 가지로 구성된 IR 피치덱 스토리보드
Storyboard for IR pitch deck

이 모델은 초기에 개발한 IR 피치덱 스토리보드이다.
사업 아이디어와 비즈니스 모델을 여덟 가지 핵심 모듈로 구성했다.
이를 활용해 IR 피칭 스토리라인을 빠르게 구성할 수 있다.

현재는 여섯 가지로 줄여 보다 선명한 모델로 업그레이드했으나
좀 더 세부적인 스토리라인을 구성하고 싶다면
아래의 초기 스토리보드 모델을 활용하는 것도 좋겠다.

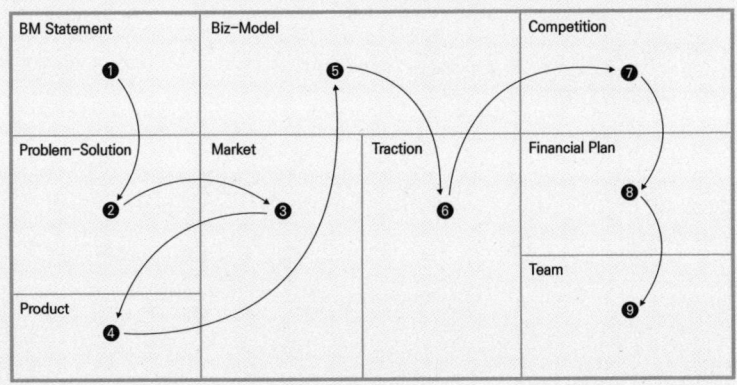

피칭 스토리텔링 업그레이드를 위한 키워드 ❻

감동 :
제품·서비스 내용에
집중한다

"
구매 의사 결정
과정에 존재하는
'구매자 체인' 모두를
B2B 고객 유형으로
인식해야만 한다.
"

경쟁자로부터
어떻게 이루어낸 시장인지
구체적으로 보여주는가?

시장Market하면 어떤 이미지가 떠오르는가? 사람들에게 시장에 관해 물어보면 각자 경험에 따라 연상하는 이미지가 제각각 다를 것이다. 피칭처럼 짧은 순간에 관심을 얻고자 한다면 추상적인 시장에 집착하지 말자. 시장이라는 개념은 듣는 사람의 경험에 따라서 다르게 이해될 수 있기에 구체적으로 묘사해야 한다. 그리고 구체적인 묘사는 시장 안에 속한 고객을 중심으로 하는 스토리텔링을 통해 쉽게 해결할 수 있다. 참고로 시장의 가능성을 시장에서 만나는 개별 고객 한 사람이 지불하는 금액 기준으로 설명할 수 있어야 한다.

시장에 진입하면서 만나는 또 다른 대상은 이미 자리 잡은 경쟁사다. 대부분 피치덱에서 경쟁사 비교는 거의 빠지지 않고 작성된다. 그런데 경쟁사 비교 도표를 가지고 우리 아이디어가 최고다, 경쟁사는 뒤처졌다고 일방적으로 매도하는 수단으로 활용한다면 어떨까? 실제 그런 경우를 자주 목격한다. 만약 당신이 비하하는 경쟁사에 투자한 투자자가 그 자리에 있다면 어떤 생각이 들지 상상해 보기를 바란다.

여기서 더 생각할 부분은 경쟁 관계에 등장하는 소위 잘 나가는 기업들만이 '우리의 직접적인 경쟁사일까' 하는 점이다. 창업팀의 제품·서비스가 경쟁자와 만나기까지는 상당한 시간이 소요된다. 실제로는 직접적인 경쟁 상황이 발생하는 경우가 드물다. 그렇기에 보다 객관적인 시각으로 경쟁사를 파악할 필요가 있다.

반대로 자신의 제품·서비스와 유사한 경쟁자가 없다고 주장하는 경우도 있다. 현명한 투자자는 이것이 결코 사실이 아니라는 걸 알고 있다. 경쟁의 범위를 눈에 보이는 제품·서비스 카테고리로만 생각하기 때문에 나타나는 결과다. 시장에 존재하는 간접적인 경쟁자나 대체자를 인정하고 찾아낼수록, 시장에 대한 이해가 깊다는 인상을 줄 수 있다. 이어한 판단이 투자자의 신뢰로 이어진다.

그렇다면 실제 경쟁자들을 정확하게 반영할 수 있는 방법은 무엇일까? 만약 경쟁의 범위를 폭넓게 보고 싶다면 스타트업이 해결하고자 하는 문제점 **Problem**에 대한 내용으로 돌아가길 권한다. 우리 기업과 동일한 고객에게, 동일하거나 유사한 솔루션(기술)을 사용해 동일한 문제를 해결하는 기업을 중심에 두고 범위를 확장하길 바란다.

● 시장을 숫자로만
이해하는 경우

　　　　스타트업Start Up은 말 그대로 기존에 없는 새로운 무언가를 시작하는 사업이다. 그동안 피치덱 관련해서 여러 스타트업을 만나면서 매번 느끼는 아쉬운 점이 있다. 바로 '시장 규모'에 대한 포인트다. 대부분 시장을 숫자로만 설명할 뿐 숫자의 이면에 감추어진 혁신의 크기가 주는 감동을 놓친다. 저렴하고 빠른 마차를 원하는 시장에서 헨리 포드가 자동차를 출시하는 케이스를 상상해 보자. 자동차(정확히 Model T)가 창출할 시장의 규모Size를 예측하는 것이 의미 있을까? 설령 저명한 통계학자, 경제학자들이라 해도 말과 마차를 기준으로 예측한 수치만을 내놓을 수 있을 것이다. 자동차라는 이동 수단의 진화가 인류의 삶에 가져올 혁신의 크기는 측정할 수 없는 영역이었다. 말과 마차가 주류를 이루는 시대에 헨리 포드의 자동차 사업을 시장 규모로만 판단한다면 매우 작거나 아예 측정 불가여서 하지 말아야 할 사업이 되었을 것이다.

● B2B 시장에 존재하는 다양한 고객 유형과 구매자 체인을 간과하는 경우

　　　　최근에 만났던 B2B(기업 간 거래) 시장에 속한 고객을 대상으로 하는 스타트업의 예를 살펴보기로 하자. 의료분야 B2B 거래 중개 플랫폼을 준비하는 대표에게 핵심 고객에 대한 정의를 물어봤다. 답변은 너무 간단했다. 평상시 마주치는 거래처 담당자 이외에 다른 고객을 떠올리기 쉽지 않단 것이다. 세분화할 수 있는 기준이 무엇인지 한참 고민해도 떠오르지 않는다고 솔직한 의견을 주었다.

　　　　B2C 고객의 경우 제품에 관한 공급자의 브랜드 가치와 품질 가치, 서비스 가치, 구매 경험, 이미지, 디자인, 구매자의 성향 등에 영향을 받는다. B2B 고객도 이와 동일할 거라고 착각하기 쉽다. 앞서 말한 의료분야 스타트업은 거래처에서 늘 마주치는 담당자를 고객이라고 인식하는 생존 편향 법칙에 빠져있었다. 하지만 자세히 보면 B2B 고객과 B2C 고객, B2G 고객의 구매 행동과 구매 결정 방법에는 분명한 차이가 있다는 것을 알 수 있다.

B2B 고객의 구매 행동 프로세스를 보면 B2C 고객처럼 개인이 혼자 판단해 구매하지 않는다. 반드시 여러 관련 부서와 함께 하는 의사 결정 과정을 거쳐 구매 행동에 나선다. 특히 새로운 제품을 구매하는 경우에는 기존보다 더욱 복잡한 구매 결정 절차를 거치게 된다. 그러므로 최종사용자End User 입장에서만 바라볼 것이 아니라 구매 의사 결정 과정에 존재하는 '구매자 체인' 모두를 B2B 고객 유형으로 인식해야 한다.

예를 들어 의료분야 스타트업의 경우 고객 유형을 환자End User, 간호사, 의사, 구매 담당 부서, 병원장, 각종 위원회 등 구매자 체인을 여섯 가지 유형으로 세분화할 수 있을 것이다. 그리고 이 여섯 가지의 구매자 체인 유형 중에서 누구를 가장 최우선적인 고객으로 선택하는가에 따라서 전체 사업 스토리도 변한다.

병원장이 추구하는 경영의 효율성, 간호사가 원하는 현장의 작업 용이성, 환자가 원하는 치료기간 간소화 등 서로 상반되는 고객 가치를 몽땅 수용할 수는 없다. 그렇기에 핵심 고객을 누구로 선정하는가에 따라서 사업의 방향성도 달라진다.

B2B 고객을 구매자 체인 관점으로 바라봐야 하는 또 다른 이유는 비즈니스 모델 혁신과 밀접한 관계가 있다. B2B 시장은 그 특성상 신규 진입을 쉽게 허용하지 않는다. 이미 업계에 알려진 구매자 체인을 대상으로 신규 제품·서비스를 성공적으로 론칭하는 것은 결코 쉽지 않다. 반면 구매자 체인 중에서 경쟁사들이 놓치고 있

는 고객의 새로운 문제점을 기반으로 한 비즈니스 모델 개발은 다른 게임의 법칙을 만들어낼 수 있는 효과적인 방법이다.

유럽의 작은 공구회사 힐티Hilti가 비즈니스 모델 혁신에 성공하면서 글로벌 건축 솔루션 회사로 성장한 대표적인 사례다. 힐티가 비즈니스 모델에 성공할 수 있었던 배경은 고객의 재정의에서 비롯했다. 공구 유통점같은 이미 알려진 고객이 아닌 건설회사와 건물주 입장에서 필요한 고객 가치를 발견함으로써 '상품 판매 중심'의 비즈니스 모델에서 '공구 대여 및 관리 서비스'라는 모델을 떠올렸다. 이는 한 번도 시도하지 않았던 새로운 비즈니스 모델이었다. 이처럼 구매자 체인에서 미처 알려지지 않은 고객 유형을 살펴보고 이에 맞는 비즈니스 모델을 수립하는 것은 스타트업에 혁신적인 가치를 가져다줄 수 있는 열쇠가 된다.

제3장

피칭 스토리텔링 여섯 가지 원칙, CPST

CPST : C-P-S1-T1-S2-T2
Customer-Problem-Solution-Traction-Scale Up-Team

차이점Differentiator을 찾는 것이 중요한 것이 아니라
차별점Discriminator을 제공하는 것이 중요하다고 한
래리 뉴먼 쉬플리컨설팅 CEO의 말처럼,
차별점이란 경쟁사에게 없거나 경쟁사와 다르면서Different,
고객이 중요하게 생각하는Important 것을 의미한다.
고객이 중요하게 생각하지 않는다면
우리가 아무리 세계 유일의 차별점이라 주장한다고 해도
단순한 차이점에 불과하다.

첫 번째 원칙 Customer : 피칭 스토리텔링의 유일한 주인공은 고객임을 잊지 마라

> "
> 고객을 한 단어로만
> 해석하는 것은
> 실패로 다가가는
> 지름길이다.
> "

고객Customer이 지닌 다양한 모습 이해하기

회사를 다니는 평범한 직장인을 본래 캐릭터, 일명 본캐라고 해보자. 하지만 집으로 돌아오면 누군가의 자상한 아빠가 되고, 부모님에게는 아끼는 자식으로, 동호회에서는 열정적인 리더가 되기도 한다. 이처럼 누구나 상황에 따른 여러 가지 페르소나가 있다. 그것을 일명 부캐라고 한다. 고객 역시 마찬가지다. 고객은 다양한 욕구와 상황에 따라 다른 의사 결정을 한다. 그러므로 고객에 대해 다면적으로 이해하려는 노력은 사업가의 기본적인 직무이다.

고객과 관련해 스타트업들이 놓치기 쉬운 것이 두 가지 있다. 첫 번째, 고객의 피상적인 부분에만 주목하고 보이지 않는 부분을 놓치는 것이다. 고객과 관련한 표현을 영어사전에 찾아보면 User, Consumer, Customer, Client, Buyer, Payer, B2C, B2B 등 최소 7개 이상의 개념을 만날 수 있다. 청중의 위치, 입장 등에 따라서 고객은 여러 가지로 해석할 수 있다는 의미다. 맥락에 맞춰 신중하게

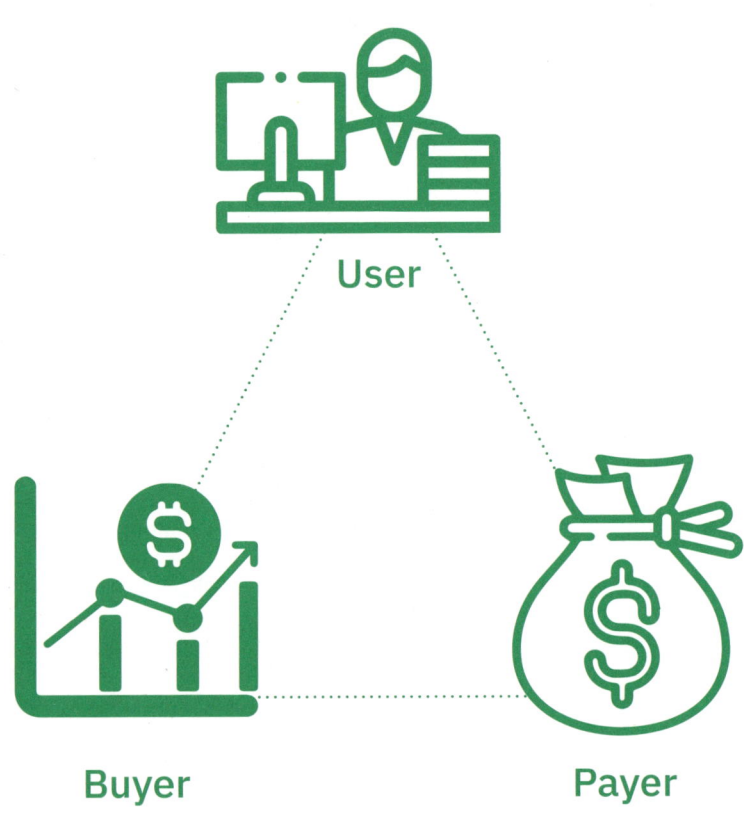

용어를 사용해야 한다. 두 번째, 고객 발견Customer Development이다. 앞서 고객에 대해 넓게 생각했다면 이제는 깊게 봐야 한다. 고객이 지닌 여러 가지 모습 중에서 한 가지 고객 유형을 발견하는 과정은 청중들이 피칭에서 듣고 싶은 핵심 스토리가 될 수 있다. 누구나 다 알고 있는 고객을 중심으로 피칭하는 것은 고객 발견이 아닌 기존 고객 이해에 불과하다. 피치덱을 만들거나 코칭할 때 과연 누구를 주인공, 즉 핵심 고객으로 선택하고 있는지 슬라이드마다 점검해야 한다. 이때 앞서 언급한 영어 표현을 바탕으로 특징에 따라 분류해 보는 것을 추천한다.

핵심 고객이 불분명한 IR 피칭에 집중하는 투자자는 없다. 그리고 고객 발견이라는 표현에서 알 수 있듯, 발명이 아닌 발견이라는 것을 잊지 않아야 한다. 즉, 과거형으로 즉각 떠올릴 수 있는 고객에서부터, 우리가 고객을 다시 발견하고 재정의하는 이른바 고객 재발견의 맥락까지 고민해 볼 필요가 있다. 팁을 덧붙이면 기본적인 내용 이후에 우리 제품·서비스를 가장 열렬히 원하는 소수의 팬Fan에 대한 고객 경험을 더할 수 있다. 그것은 투자자를 설득할 강력한 무기가 된다.

고객Customer - 스토리텔링을 위한 핵심 질문

스토리를 이끌 때, 하나의 고객을 발견하기 위한 핵심 질문을 소개한다. 고객에 대한 이해 단계에서 고심하는 창업가나 비즈니스 코치가 참고하길 바란다.

핵심 질문 1. 우리의 고객은 어디에 있는가?

문제를 해결하기 위해 우리의 제품과 서비스를 마냥 기다리고 있는 고객은 없다. 이미 그들은 필요와 욕구를 어디에선가 해소하고 있을 것이다. 그들이 지금 어디에서 그 욕구를 해소하고 있는지 대답할 수 있는가?

핵심 질문 2. 지금 말한 고객은 어디 가면 볼 수 있나요?

어느 전문가에 따르면 고객 발견을 끌어내는 질문은 과거형이라고 한다. 그분은 스타트업 창업가에게 '지금 말한 고객은 어디 가면 볼 수 있나요?'라고 물어본다고 했다. 창업가 머릿속에만 존재하는 고객을 세상 밖으로 끄집어내는 적절한 질문이다. 피치덱 혹은 사업계획서 내용만 전달했을 뿐인데 특정 장소에 있는 고객이 쉽게 연상된다면 고객 발견이 완료된 것이다. 청중의 머릿속에 고객이 그려지도록 만들자.

핵심 질문 3. 어느 경쟁사의 고객을 빼앗아 와야 하는가?

고객 발견을 다른 의미로 해석하면 '고객 전환'이다. '배달의민족' 서비스를 예를 들어보자. 지역 상권을 홍보하는 유일한 수단인 전단지를 이용하던 소상공인 사장님들이 배달의민족으로 전환하면서 어떤 일이 발생했을까? 전단지 수요가 점차 줄어들면서 관련 광고 회사는 사라졌다. 이처럼 새로운 서비스 등장은 기존 서비스의 이탈을 가져온다.

이 질문에 대한 답변은 우리 회사의 경쟁자와 잠재 고객을 제대로 인식하고 있는지와 밀접하게 연관된다. 만약 잠재 고객이 현재 어떤 회사의 제품과 서비스를 사용하고 있는지 알지 못한다면 답변이 어려울 것이다.

피칭 사례 살펴보기

2020년 기준 누적 총 5억 투자 유치에 성공한 (주)뮨Mune[*]의 '안전한 주사기 자동 처리기기(서비스명 ANDY)'는 환자와 더불어 의료진도 안전한 병원 환경을 만들기 위한 제품이다. 이 회사는 B2B 의료시장에 존재하는 고객 유형을 다음과 같이 4가지로 구분하고 있다.[**]

1차 고객 간호사
주사기 사용자이며, 폐기 단계에서 찔림 상황을 가장 많이 접하는 피해자.

2차 고객 의사
주사기 사용자이며, 폐기 단계에서 간호사에 비해 피해 가능성 적음.

3차 고객 청소 미화원
주사기 사용자는 아니지만, 폐기 단계에서 찔림 상황을 가장 많이 접함.

4차 고객 병원 관계자
주사기 사용자는 아니지만, 주사기 구매자 혹은 의사 결정자에 해당되면서 병원 내 발생하는 문제점에 대한 해결방안 책임이 있음.

이 서비스에서 고객을 간호사로 타게팅한 이유는 무엇일까? 보수적인 병원

---

[*] 혁신의숲 https://www.innoforest.co.kr/company/CP00002822
[**] 2019 블루포인트 데모데이 https://www.youtube.com/watch?v=eR-POr5ihck

의사 결정 구조를 고려하고, 효율적인 시장 진입을 목표로 간호 인력의 불편 개선을 최우선 과제로 고민한 흔적이 돋보인다. 실제 시장 진입 단계에서 대한간호협회, 감염협회 등의 단체와 '안전한 간호 업무' 프로젝트를 추진한 점도 확인할 수 있다. 시장 내 이해관계자의 영향력을 철저하게 참고했다고 볼 수 있다.

병원 관계자 역시 핵심 타깃으로 충분히 고려할 수 있으나, 기존 병원 시장에는 유사한 경쟁사 제품이 공급되고 있었다. 그에 따라 제품 도입을 내부적으로 설득하는 의사 결정 과정이 수월할 것으로 판단, 과감하게 후보군에서 제외한 것으로 해석할 수 있겠다.

두 번째 원칙 Problem :
의도적으로
특정한 문제에
포인트를 두고 집중하라

> "
> 문제라고 쓰고
> 비즈니스 기회라고
> 해석한다.
> "

● 잘 정의된 문제는
절반을 해결한 것이나 다름없다

　　　　수많은 창업자와 대화를 나누며, 매번 하는 질문이 하나 있다. 창업자로서 그들이 풀고자 하는 문제Problem가 무엇인지가 바로 그것이다. 사실 그게 진짜 문제인지 검증하는 것은 내 역할이 아니다. 내가 문제에 대해 질문하는 이유는 단 하나이다. 창업자들이 주장하는 문제가 비즈니스 모델로 전환될 가능성, 또는 실제 전환되고 있는 내용에 관심이 있을 뿐이다. 어떤 창업가는 본인이 주장하는 문제가 명확하지 않아, 문제를 뒷받침할 내용을 고군분투하며 찾기만 한다. 반면 자신이 풀 문제를 명확히 알고 있는 창업자는 엄청난 에너지와 자신감을 보인다. 미처 몰랐던 확실한 문제를 발견한 자는 '유레카'의 순간을 겪고 있다. 피칭에서 문제의 크기와 강도를 투자자의 머릿속에 얼마나 선명하게 그려낼 수 있는가는 아주 중요한 포인트다. 그러기 위해서 확실한 문제를 갖고 있고, 확실히 알고 있어야 하는 것이다.

　　　　대부분의 투자 유치에 성공한 스타트업의 피칭 스토리텔링을 살펴보면, 문제에서 시작해서 구체적인 비즈니스 모델로 전환시키는 경우가 많다. 그만큼 피칭에서 다루고 있는 문제가 얼마만큼의 수익으로 전환되고 있는지, 전환 가능성이 있는지는 투자자가 가장 흥미를 보이는 요소 중 하나이다. '잘 정의된 문제는 절반을 해결한 것이나 다름없다'라는 오래된 격언을 가슴에 새겨보자. 문제를 정의하는 것은 예나 지금이나 어렵고 힘든 과정이다. 그럼에도 그것을 이겨낸다면, 피칭 스토리텔링에서 상대방의 공감을 얻는 강력한 도구를 얻게 될 것이다.

● 얼마나 큰 돈을
만들어 낼 수 있는 문제인가?

　　　　　모든 피치덱에서 문제Problem가 초반에 나오는 이유는 공감을 유도하고 이후에 펼쳐지는 스타트업의 본격적인 이야기에 기대하도록 만들기 때문이다. 스타트업은 대부분이 이미 벌어진 문제현상의 원인과 그 원인을 제거했던 과거의 케이스를 다루지 않는다. 창업자 스스로 문제를 탐색, 발견하고 새로운 가능성을 설정하여 그 대안Solution을 비즈니스 모델로 제시하는 것이 일반적이다. 그리고 이 문제 해결에 지속적인 투자 가치가 있음을 검증해 나간다. 그리고 어떤 투자자든지 문제와 관련해 새로운 해결책을 제기하는 신생기업을 만나길 간절히 원한다. 그러므로 피칭 초반에 던져진 문제 슬라이드에 촉각을 곤두세우고 있다.

　　　　　유능한 투자자라면 스타트업이 찾아낸 문제와 바로 다음에 제시될 해결방안을 듣는 순간, 시장 적합성Product-Market Fit을 판단할 수 있다. 필자의 오랜 경험상, 문제만으로 피치덱 내용에 대한 평가가 이루어진다고 해도 과언이 아니다. 대표적인 오류에 대해 점검하는 것만으로도 쉽게 사업 준비도를 파악할 수 있다.

대표적인 오류는 다음과 같다.

#1. 진짜 문제점Point이 아닌 문제와 관련된 현상들만 나열하는 경우

신문, 정부 발표 통계를 나열해 그 현상 중 집중적으로 해결하고자 하는 특정한 문제점을 놓치는 경우다. 진짜 문제점을 찾지 못했기 때문에 불필요한 통계 자료를 나열한다고 생각할 수 있다. 의미 없는 숫자 나열을 피해주길 바란다.

#2. 창업팀과 관련 없는 문제를 해결하려는 경우

문제는 멀리서 찾는 것이 아니라. 창업팀의 경험 속에서 발견되는 것이 순리이다. 일상에서도 항상 문제가 존재한다. 누군가에는 그냥 스쳐 가는 현상일 뿐인데 창업팀에게는 새로운 기회로 발견되기도 한다. 문제점을 대하는 관점과 태도가 기회를 창출한다. 그런데 관련이 없거나 적은 문제에 초점을 맞추는 경우가 더러 있다. 창업팀과 무관한 문제일수록 핵심 고객 발견이 늦어지거나 어려워지고, 당연히 해결방안 완성도도 미흡해진다. 즉, 철저하게 창업팀 입장에서 문제를 발견하고 바라봐야 한다.

문제Problem - 스토리텔링을 위한 핵심 질문

핵심 질문 1. 풀고자 하는 문제가 이 시장에서 받아들일 만한 크기의 값어치가 있나요?

고객에게 문제의 크기와 해결 강도를 전달하는 것이 중요하다. 우리가 풀고자 하고 풀어가고 있는 이 문제가 얼마나 값어치 있고, 그 해결의 값이 시장에서 얼마나 비싸게 매겨질 수 있는지를 공감하도록 해야 한다. 이때 청중이 누구인지를 명확히 알고 있어야 한다.

핵심 질문 2. 이 솔루션을 시장에서 채택해야 할 때가 된 이유는 무엇입니까?

풀고자 하는 문제가 현재 시장에서 채택될 적기임을 뒷받침하는 증거가 필요하다. 솔루션으로 제시하는 제품과 서비스는 이 시장에서 채택될 가능성이 매우 높다는 것을 증명하여야 한다.

핵심 질문 3. 앞으로도 지속될 만한 문제인가요?

문제는 곧 사업 기회이다. 문제가 비즈니스 기회가 되려면 지속성과 확장성이 요구된다. 특정인, 특정 시점에만 발생하는 문제는 시장 크기도 작을 것으로 투자자는 판단한다. 현시점에서는 알아채지 못할 만큼 작은 문제더라도, 시간이 지날수록 피할 수 없거나 동일한 문제가 다른 고객에도 발생할 가능성 그리고 그것이 엄청난 비즈니스 기회라는 점을 각인시켜야 한다.

피칭 사례 살펴보기

문제의 크기와 강도에 대한 공감

'안전한 주사기 자동 처리기기(서비스명 ANDY)' 제품을 통해 2020년 기준 누적 총 5억 투자 유치에 성공한 (주)뮨Mune*은 의료 현장에서 주사를 놔주는 간호사들이 하루에도 수십, 수백 개의 주사를 사용하고 폐기하는 과정에서 주사침 찔림 사고에 노출되고 있는 현상을 제시한다.**

뮨은 국내만 하더라도 연간 70% 이상의 간호사들이 주사침 찔림 사고를 경험하고 있는 사실을 제시하면서 문제의 크기, 즉 이 문제의 해결을 원하는 고객인 간호사와 의료기관의 양적 크기를 말하고 있다. 그리고 이 사고가 혈액매개감염인 B형, C형 간염의 주된 매개원인임을 강조해 이 문제의 강도, 즉 심각성에 관심도를 높이고 있다.

문제의 비즈니스 모델로의 전환 가능성 제시

뮨의 피칭에서 문제의 크기와 강도를 연간 발생 수와 검사 비용으로 계량해 제시한 이유는 이 문제가 비즈니스 모델로의 전환과 깊은 연관이 있다. 제기된 문제점이 투자자로부터 공감을 얻지 못하면 아무리 좋은 해결방안이 더라도 관심을 얻지 못할 가능성이 높기 때문이다. 또한 뮨은 문제의 강도인

---

* 혁신의숲 https://www.innoforest.co.kr/company/CP00002822
** 2019 블루포인트 데모데이 https://www.youtube.com/watch?v=eR-POr5ihck

혈액매개 감염률이 더 큰 베트남과 중국, 몽골 등의 국가 즉 해외 시장을 언급하며 이 문제로 만들어진 비즈니스 모델의 시장 확장 가능성을 강조하고 있다.

세 번째 원칙 Solution: 수익 창출이 가능한 차별화된 해결책을 제시하라

> "
> 솔루션은 기능이 아니라
> 그 기능이 창출하는
> 고객 가치에 초점을 둔다.
> "

● 해결방안은 고객의 문제 해결이라는
목적 달성을 위한 수단이다

해결방안Solution은 기능을 포함한 기술 자체를 의미하지 않는다. 짧은 시간의 피칭에서 스타트업이 투자자에게 보여주어야 하는 것은 제품 및 서비스를 구현하는 세세한 기능이 아니라 고객 문제의 해결 여부이다. 우리는 앞서 핵심 고객Customer을 파악했고 핵심 고객이 필요로 하는 요구 사항과 관련된 문제Problem의 정의를 마쳤다. 해결방안 역시 제품이나 서비스가 출발점이 되기보다는 핵심 고객에서 출발해야 한다. 제품 또는 서비스의 세부적인 기능에 앞서 고객이 솔루션 사용으로 얻게 되는 문제 해결, 즉 고객 가치가 중요하다.

우리는 이제 고객, 문제, 해결방안 모두 특정할 수 있어야 한다. 모든 사람을 대상으로 하는 해결방안을 제시하는 것은 아무것도 잘하는 것이 없다는 이야기이다. 그러나 특정 고객을 대상으로 한 해결방안을 도출했다고 해도 경계해야 할 것이 있다.

처음에는 특정 고객에 대한 솔루션이었던 것이 1단계, 2단계를 거치면서 3단계에서는 모든 고객을 위한 범용적인 해결방안이 되는 경우가 자주 있다. 이런 오류에 빠지지 않기 위해서라도 의도적으로 특정 고객의 특정한 문제에 집중할 수 있어야 한다.

와이콤비네이터의 창업자인 폴 그래엄Paul Graham은 자신의 블로그에 스타트업의 아이디어를 우물Well에 비유하며 의도적으로 소수의 고객 만족에 집중하라고 강조했다. 스타트업에게 두 가지 선택이 있다. 첫째, 다수의 사람에게 조금 필요한 걸 만들거나, 아니면 소수의 사람에게 아주 필요한 걸 만들거나. 대부분 좋은 창업 아이디어는 후자에 포함된다. 이 아이디어들은 우물과 같은 형태로 시작한다. 페이스북Facebook이 좋은 아이디어였던 이유는 빠른 속도로 통과할 수 있는 작은 시장에서 시작했기 때문이다. 여기에서 잠시 우물의 특성을 떠올려 보자. 우물은 폭이 좁고 깊다. 적절한 폭을 설정하고 지하수가 나올 때까지 깊이 들어가야 한다. 폭이 너무 넓으면 쉽게 지칠 것이고, 깊어지지 않으면 물을 얻을 수 없다.

해결방안은 고객 가치의 집합으로 경쟁사와는 명확하게 식별되어야 한다

쉬플리컨설팅 CEO 래리 뉴먼Larry Newman은 '차이점 Differentiator을 찾는 것이 중요한 것이 아니라 차별점Discriminator을 제공하는 것이 중요하다'고 말했다. 차별점이란 경쟁사에게 없거나 경쟁사와 다르면서Different, 고객이 중요하게 생각하는Important 것을 의미한다. 고객이 중요하게 생각하지 않는다면 우리가 아무리 세계 유일의 차별점이라 주장한다고 해도, 단순한 차이점에 불과하다. 이쯤 되면 경쟁 환경에 관한 피치덱은 동종업계 경쟁사를 벤치마킹하는 식의 산업분석이 아니라는 점을 눈치챘을 것이다.

스타트업의 솔루션 결과는 그것을 설명할 방법이 있어야 한다. 솔루션의 적용을 통해 고객에게 어떠한 변화와 혜택이 생기는지, 측정 가능한 지표를 활용해서 피치덱에 시각적으로 표현해야 한다. 그러나 경쟁 환경 분석에 담아야 할 핵심 내용은 경쟁사와의 수치 비교가 아니다. 고객이 무엇을 중요하게 생각하고, 불편하게 느끼는지를 시장 변화의 중요한 동인Driver으로 생생하게 전해야 한다. 그러기 위해서는 차별점 중에서 어떤 것이 핵심 차별화 요소인지를 스스로 알고 있어야 한다. 핵심 차별화 요소는 결코 숫자놀음이 아니다. 실제 고객을 만나서 보고 들은 과정과 경험을 바탕으로 해야, 독특한 스토리로 표현할 수 있다.

해결방안Solution - 스토리텔링을 위한 핵심 질문

핵심 질문 1. 제품·서비스 솔루션을 통해서 고객이 얻게 되는 가치를 계량화할 수 있을까?

제품·서비스를 통해서 반드시 전달해야 하는 것은 기능이 아닌 가치다. 다만 가치는 상대적이기 때문에 투자자는 이를 수치로 측정하길 원한다. 스타트업이 제시한 결과가 형용사로만 표현된다면 잘못된 솔루션이다. 솔루션 사용으로 얻게 되는 고객의 변화나 혜택을 정량적으로 표현하는 것이 중요하다.

핵심 질문 2. 문제의 해결책이 경쟁사가 모방이 불가능한 비즈니스 모델임을 입증하는 객관적 지표로 뒷받침되는가?

독창적, 차별화된 솔루션은 쉽게 모방할 수 없다. 그리고 모방이 어려운 요소는 무형인 경우가 많다. 예를 들어 경험과 전문성을 지닌 팀이 개발한 기술력, 외부에 공개되지 않는 핵심 정보 등이 여기에 해당한다. 이미 세상에 있는 솔루션은 성공 가능성이 낮다. 반면, 남들이 쉽게 따라 하기 어려운 솔루션은 시장에서 빠른 반응이 온다. 솔루션이 최소 3년간 스타트업이 독점적으로 우위를 점할 수 있는 수준의 경쟁력이라면 투자자에게 어필하기 충분하다.

핵심 질문 3. 기존에 유사하게 시도했던 해결방안이 작동하고 있나요?

시장 적합성이 검증되지 않은 비즈니스 모델은 가설에 불과하다. 기존과 유사하게 검증해 본 가설이 있는지, 이로 인한 수익이 발생한 적이 있는지야말로 투자자가 듣고 싶어 하는 이야기이다. 결국 솔루션의 고객 가치가 시장성을 갖는지 그 근거가 중요하다.

피칭 사례 살펴보기

라스트오더 %

라스트오더[*]는 스타트업 미로가 내놓은 마감 할인 식음료 상품 지역 기반 중개 플랫폼 서비스다. 2017년 오경석 대표가 창업한 미로는 이듬해인 2018년 11월 라스트오더 모바일 애플리케이션 서비스를 출시했다. 서울 관악구를 기반으로 2021년 편의점으로 영역을 확장해 130만 개의 마감 할인 제품을 판매했다. 앱을 출시한 지 2년도 되지 않은 시점에 33억 원의 실적을 기록하며 국내 투자자들의 관심을 받았다.[**]

고객 문제에 대한 다른 방식 솔루션 해석

마감 세일, 새로운 문제도 혁신적인 기술도 아니다. 미로가 사업 계기로 삼았던 마감 세일은 오래전부터 익숙한 판매방식이다. 동네 빵집부터 프랜차이즈 제과점까지 당일에 판매하지 못한 제품은 항상 남게 된다. 개념적으로 보면 결코 새로운 서비스가 아닐뿐더러 제공되는 스마트폰 애플리케이션 서비스 역시 기술적인 측면에서 첨단이라고도 보기 어렵다. 더구나 레스토랑의 남은 음식을 할인 판매하는 유럽의 '투 굿 투 고Too Good To Go'와 같은 서비스는 이미 존재했다. 라스트오더가 기존의 마감 할인 판매 방식과 다르게 보일 수 있던 점은 무엇이었을까?

---

[*] 혁신의숲 https://www.innoforest.co.kr/company/CP00000358
[**] 2019 롯데엑셀러레이터 데모데이 https://www.youtube.com/watch?v=jzZGyeYAXkI

라스트오더는 식료품 재고 발생 문제를 새롭게 해석했다. 남은 음식물을 요식업 마케팅과 소비자의 착한 소비를 연결하는 마케팅 수단으로 정의한 것이다. 라스트오더의 비즈니스 특징은 직접 가게를 방문해서 마감 임박 제품을 수령한다는 것이다. 어쩌면 배달 전성시대를 역행하는 발상이지만 오히려 이 점을 솔루션 차별화로 활용했다. 소상공인 가게 홍보 솔루션인 '배달의민족' 컨셉과 유사하지만, 접근 방식이 달랐다. 가게 점주에게는 자신의 상점을 적극적으로 홍보하면서 온라인에서 미처 보여주지 못한 장점을 어필할 수 있는 절호의 기회가 되었다. 또한 기존 고객 이외에 마감 할인 구매를 목적으로 방문한 비非고객으로 고객층 확장이 가능한 구조를 만들었고 이는 솔루션 확장성으로 이어졌다. 가게 점주의 입장에서 가맹비 월 3만 원은 신규 고객을 확보하기에 충분히 지불할 가치가 있는 비용이 된다. 그리고 이 비용은 배달의민족 수수료와는 다른 성격을 가진다.

혁신적인 기술 대신 저항이 적은 솔루션 채택

유통기한이 임박한 음식 처분은 이전에도 수많은 스타트업들이 지속적으로 다루었던 이슈다. 음식 폐기물처럼 사회 전반에서 야기되는 문제는 명분은 좋으나 실행 가능한 해결방법을 찾기 어렵다. 라스트오더의 경우 이미 알고 있는 음식물 폐기라는 일반적인 현상을 과감하게 생략하고 문제가 발생하는 상황, 문제를 겪고 있는 고객 중심으로 내러티브를 제시했다. 가맹점주를 핵심 고객으로 선정하고 고객 중심으로 일관된 논리를 구성했다.

또 다른 고객인 소비자 입장에서 보아도 모바일 앱이라는 해결방안은 커다란 거부감이 없었다. 오히려 이전에 없던 혜택을 기대할 수 있어서 혁신적인 기술 도입 없이도 고객을 중심으로 한 해결 가능성을 끌어올렸다.

네 번째 원칙 Traction : 미래 가치는 성실함에 있다는 걸 명심하라

"
현재의 성장세와 성장여력을
입증할 수 있는 견인 지표는
직관적으로 확인 가능해야 한다.
"

● 트랙션 지표는 비즈니스 모델의
유효함을 입증하는 객관적 증거이다

트랙션Traction은 비즈니스 모델이 실제 고객을 대상으로 유효하다는 것을 입증할 수 있는 객관적 증거이다. 스타트업의 경우 판매량, 고객 트래픽, 파트너십, 언론 기사 등 설립 초기에 어떠한 트랙션을 달성했는지가 중요하다. 그리고 조기에 이 트랙션을 가속화할 수 있는 방법을 제시하는 것 역시 중요하다. 트랙션은 크게 고객 관련 지표와 매출 관련 지표로 구분한다. 해당 업종별로 보여줄 수 있는 성과 지표가 다르기 때문에 가장 핵심이 되는 성과 지표를 선택해야 한다. 대표적인 견인 지표로 다음과 같은 지표를 활용할 수 있다. 비즈니스 유형별로 잘 선택하는 것이 중요하다.

매출 및 이익률
손익계산서
전환율·ROAS

MRR Monthly Recurring Revenue

ARR Annual Recurring Revenue

가입자의 높은 활동자수 Active User

재구매율 Retention Rate

    비즈니스 유형별 트랙션 지표를 살펴보자. 일반적인 제조·판매업은 비교적 단순하다. 판매량을 바탕으로 한 대략적인 매출과 이익이 주요 지표가 된다. 전형적인 B2B 사업 모델의 경우는 회사가 확보한 고객이 얼마나 되는지, 고객당 얼마나 버는지, 얼마나 남는지가 핵심 지표로 사용된다.

    싸스 SaaS와 같은 서비스형 소프트웨어의 경우는 가입자 수, 가입자 이탈율, 가입자당 매출과 이익, 월 매출과 이익에 주목한다. 그리고 구독 서비스는 월 매출과 이익, 가입자 수, 가입자 이탈률, 고객 생애가치 LTV, Lifetime Valu로 계산되는 고객당 순가치를 지표로 삼는 게 적합하다.

    종량제 서비스는 돈을 내는 가입자 수와 정기적인 현금흐름의 양이 중요하다. 또는 소위 마켓플레이스 Marketplace를 통해 창출되는 전체 거래량과 실질적인 매출이 얼마나 잡히는지, 구매자 혹은 주문 당 공헌이익이 얼마나 되는지가 중요한 플랫폼 서비스도 있다.

    이커머스는 매출, 이익뿐만 아니라 방문자가 실제 구매자가 되는 비율, 구매 빈도가 주로 지표로 사용된다. 광고 매출의 원천이 되는 사업이라면 트래픽의 양과 질, 광고 인벤토리 규모와 객단가가 주요 지표로 사용된다.

이러한 트랙션 지표는 지금까지 우리가 시장에서 얼마나 계량 가능한 성과를 만들어 내고 있는가를 의미한다. 그리고 이는 투자자에게 현재의 성장세와 앞으로의 성장 여력을 파악할 수 있는 핵심적인 단서가 된다. 최대한 직관적이고 확인 가능한 숫자로 정리해, 피치덱 스토리라인을 구성하는 것이 중요하다.

트랙션은 스타트업에 대한 투자 판단을 보다 명확하게 이뤄지게 돕는다. 그러므로 피칭 스토리라인을 잡을 때는 기업이 성장의 발판을 만들어 냈고, 그 성장이 지금도 빠르게 진행 중이라는 걸 보여줘야 한다. 무엇보다 미래의 성장 규모가 지금보다 월등해질 거라는 기대를 심어줘야 한다.

트랙션Traction - 스토리텔링을 위한 핵심 질문

핵심 질문 1. 현재의 성장세와 성장 여력을 입증할 지표로 우리 회사에 적합한 것은 무엇인가?

스타트업이 보여줄 수 있는 여러 가지 지표 중에서 우리 비즈니스에 적합한 핵심 성과 지표를 선택해서 제시해야 한다. 실행 가능하고 측정 가능한 특징을 가진 것이 핵심 성과 지표가 된다. B2C 모델의 경우라면 실제 고객을 대상으로 비즈니스 모델이 유효함을 '재구매율'로 입증할 수 있다. B2B의 경우라면 비즈니스 성과를 직관적으로 확인할 수 있는 매출 관련 지표인 '월간 거래액'을 보여줄 수 있다. 또 월평균 성장률에 근거한 올해 누적 거래액 예측치까지 이어서 언급하면 성장 가능성을 자연스럽게 어필할 수 있다. 이를 통해 이용자만 확보된다면 재구매를 통한 매출 가속화에 대한 기대감을 마련할 수 있다.

핵심 질문 2. 투자 이전 단계에서 달성 지표의 수준과 투자 이후 성장 목표의 차이점이 분명히 존재합니까?

초기 이용자가 유지되고 있다는 객관적인 증거를 제시해야 한다. 이를 통해 사업이 성공적으로 견인되고 있음은 물론, 사용자의 만족도와 연결하여 서비스 품질에 대한 신뢰도까지 확보하는 전략을 구사할 수 있다. 보다 드라마틱한 피치덱 스토리텔링을 위해서 매출 관련 지표를 제시함과 동시에, 론칭 전후의 매출 증감액과 달성 기간을 함께 보여준다. 이는 성장세에 속도감을 부여할 수 있다. 또한 동종업계 대비 재구매율과 판매 수를 비교 제시하여 시장 내에서 우리 사업이 경쟁 우위를 점하고 있음을 어필할 수 있다. 이밖에 구매 후기, SNS 소비자 게시물을 통한 고객 반응 데이터를 정성적 지표로 제시할 수도 있다.

핵심 질문 3. 확보한 트랙션 지표는 경쟁 환경에서 상대적으로 얼마나 우위에 있는가?

트랙션은 실제 시장에서 초기 이용자의 유치-유지-확대를 견인하는 객관적인 증거로 피치덱에 없어서는 안 될 항목이다. 트랙션을 통해 비즈니스 모델의 유효성에 대한 검증 데이터를 제시함과 동시에 해당 지표에 대한 상대적 비교가 반드시 이루어져야 한다. 업계 평균 재구매율을 기준으로 우리는 얼마나 높은 수준을 유지하고 있는지, 또는 시계열로 분석하여 지난 분기 대비 어느 정도의 성장세를 보여주는지 등이 그 예가 될 수 있다. 트랙션 지표의 경쟁 우위를 통해 투자 이후 지속 가능한 수익성을 판단할 근거를 제공하는 것이 중요하다.

피칭 사례 살펴보기

dansaek

주식회사 단색*은 여성 기능성 속옷 브랜드 논샘팬티로 2021년 총 29억 원의 투자 유치에 성공했다. 피칭 스토리라인을 살펴보면, 솔루션이 지닌 고객 가치를 정량적으로 묘사하기 위해 피칭 대부분의 시간을 비주얼 요소로 채우고 있다.**

특히 제품 판매 성과를 중심으로 구체적인 트랙션을 수치화함으로써 신뢰를 높이는 피칭 스토리라인을 구사하고 있다. 먼저 기업의 핵심적인 성과 지표라고 할 수 있는 매출 관련 지표를 제시하고 있으며, 매출액과 달성 기간을 함께 보여줌으로써 성장세를 전달하고 있다.

이밖에 피칭에 사용된 트랙션 지표들도 대부분 측정 가능한 정량적 수치이다. 경쟁사 대비 재구매율과 판매량을 제시하여, 시장 내에서 경쟁 우위를 점하고 있음을 어필하고 있다. 여기에 고객의 구매 후기, SNS 소비자 게시물을 통한 고객 반응을 정성적 지표로 활용하기도 한다.

주식회사 단색의 피칭은 일반적인 문제점부터 시작하는 피치덱과 다르다. 시장 진출 이후 나타난 성과 지표와 매출 성장세를 강조하고 있다. 제품 판매와 커머스 스타트업이 참고할 만한 피칭이다.

---

* 혁신의숲 https://www.innoforest.co.kr/company/CP00000463
** 2020 스토리지 데모데이 https://www.youtube.com/watch?v=wFZ3ResOyvM

피칭 사례 살펴보기

스크린골프장 종합 정보 및 예약 플랫폼 서비스인 김캐디*가 2020년 Pre-A를 유치할 당시의 피칭을 살펴 보자.**

먼저 실제 고객을 대상으로 한 비즈니스 모델이 유효함을 재구매율로 입증했다. 이를 통해 이용자만 확보된다면 재구매를 통한 매출 가속화가 이루어질 거라는 기대감을 높여 준다.

비즈니스 성과를 직관적으로 확인할 수 있는 매출 관련 지표인 월간 거래액과 함께, 월평균 성장률에 근거한 올해 누적 거래액 예측치까지 이어서 언급하면서 성장 가능성을 자연스럽게 어필하고 있다. 특히 초기 이용자가 유지되고 있다는 객관적인 증거를 제시하여 사업이 성공적으로 견인되고 있음을 보여준다. 더해 이를 유저 만족도로 연결하여 서비스 품질에 대한 신뢰도 역시 함께 확보하는 전략을 구사한다. 주목할 만한 피칭 스토리라인이다.

---

* 혁신의숲 https://www.innoforest.co.kr/company/CP00002638
** 프라이머 16/17 데모데이 https://www.youtube.com/watch?v=6HlwtRYTKTY

다섯 번째 원칙 Scale Up :
투자자에게
성장성과 확장성을
강조하라

> "
> 비즈니스 모델의
> 성장 규모와 성장 가속도는
> 실현 가능한
> 마일스톤으로 제시한다.
> "

● 앞으로 얼마나 더 크게
성장할 수 있는가?

이번에 소개할 피치덱 공식은 스케일 업Scale Up, 확장성에 대한 것이다. 기업의 현재 가치는 미래 가치의 총합에 따라 매겨진다는 말이 있듯, 확장성이 담보되는 비즈니스일수록 투자 유치 기회는 많아진다. 하지만 모든 비즈니스가 확장성을 갖기 힘든 것도 사실이다. 비즈니스 모델의 확장성이 결여되는 몇 가지 케이스를 소개한다.

시작부터 수익 창출이 이루어지는 안정적인 비즈니스 모델인 경우

투자자는 은행처럼 매월 일정 수익을 기대하며 투자하지 않는다. 스타트업이 지닌 위험성에도 불구하고 투자라는 의사 결정을 하는 이유는 빠른 성장을 기대하기 때문이다. 그러므로 오히려 안정적인 사업 모델은 투자자에게 매력적이지 않을 수 있음을 알아야 한다. 스타트업의 본질은 안정성이 아니라 빠른 성장 가능성을 지닌 비즈니스 모델이다. 안정적인 사업 모델을 제시하는 것은 스스로 경쟁력이 없다고 고백하는 것이나 다름없다.

눈에 보이는 제품·서비스의 판매 이외에 다른 비즈니스를 상상할 수 없는 경우

눈에 보이는 부분이 전부인 사업은 스타트업 방식의 비즈니스 모델이 아니다. 오히려 불분명한 제품·서비스 성격을 지닌 초기의 비즈니스 모델이 시장에 파괴적인 혁신을 가져오는 경우가 많다. 필자는 오히려 이쪽도 저쪽도 속하지 않는 경계가 불분명한 기업을 선호한다. 처음부터 성격이 분명한 사업은 이미 시장에서 누군가 점유하고 있을 확률이 높다.

초기 단계가 다소 불분명하더라도 새로운 혁신을 가져올 수 있는 스타트업을 잡고자 하는 것이 투자자의 욕망이다. 그것을 이해한다면 눈에 보이는 것 이상의 상상할 거리를 제공할 수 있다. 그리고 스케일 업에 대해 언급할 때 투자자에게 매력적인 시장임을 어필하는 게 중요하다. 투자자가 반드시 듣고 싶어 하는 항목 위주로 소개하는 것이다. 특히 아래의 핵심 질문에 대해 충분히 설득할 수 있는 근거를 피치덱에 포함해야 한다.

시장의 규모가 적절한가?

시장은 성장하는 추세인가?

시장 진입 가능성이 존재하는가?
경쟁 상황의 강도는 어떠한가?
투자금 회수 가능성은 얼마나 높은가?

이러한 질문에 대한 답을 갖고 있다면 초기 시장에서의 안정적인 수익원이 발생하는 시점을 파악해, 성장을 위한 수익원 확대 및 고객 확보 등 성장 가속도를 만들어가는 마일스톤을 제시해 볼 수 있다.

스케일 업 Scale Up - 스토리텔링을 위한 핵심 질문

핵심 질문 1. 반복적이고 확장 가능한 비즈니스 모델인가요?

대부분의 투자자들이 선호하는 비즈니스 모델은 양면 시장을 기반으로 하는 플랫폼 비즈니스 모델이다. 그 이유는 네트워크 효과가 구축되면 빠르게 성장하는 확장성 때문이다. 그리고 투자심의위원회에서 비즈니스 모델과 관련해 부결한 이유를 살펴보면 대개 결여된 확장성 때문인 경우가 많다. 그러므로 스타트업 입장에서는 당장의 매출액보다 투자 이후 더욱 확장할 수 있는 사업 모델로의 방향성을 갖는 것이 필요하다.

핵심 질문 2. 투자 유치 전후의 성장 목표와 지금이 투자 적기임을 어필하는 핵심 지표를 제시하고 있나요?

투자자는 우리의 사업이 왜 지금 적절한지, 시장에서 우리의 사업을 채택할 준비가 되어 있는지 궁금해한다. 우리의 사업이 지금 바로 이 시장에서 성공할 수 있는 이유를 전달해야 한다. 스타트업이 성공하기 위해서 시장 진입 타이밍은 매우 중요하다. 신생기업이 좋은 기회를 찾았을지 모르지만, 타이밍을 너무 오랫동안 기다려야 한다면 투자자는 매력을 느끼지 않을 것이다. 성공한 스타트업들은 거의 빠짐없이 왜 지금 Why Now에 대한 분명한 명제를 제시하였다는 점을 상기하기 바란다. 투자자는 최대한 큰 기회의 시장에 투자하기를 원하기 때문에, 시장이 얼마나 크고 우리 회사가 그 시장의 상당 부분을 어떻게 다룰 수 있는지 정량적 지표와 객관적 근거로 강조해야 한다.

핵심 질문 3. 막연한 시장의 크기보다는 실제 진입 가능성이 높은 거점 시장을 타깃으로 하고 있는가?

투자자에게는 현재보다는 미래의 성장 가능성이 높은 시장을 보여줄 수 있어야 한다. 이때 막연한 시장의 크기를 제시하기보다는, 스타트업이 가진 수익 모델과 이를 통한 연간 매출액 등을 산정한 후 시장 규모에 대한 독창적인 스토리텔링을 전개하는 것이 좋다. 아직 초기 사업화 단계에 있는 스타트업이라면 사업 아이디어가 창출할 수 있는 전체 시장 규모를 제시하기보다는 초기 시장 진입 가능성을 제시해야 한다. 초기 시장 진입에 대한 성과를 얻은 경우라면 목표 성장 규모, 성장 가속도의 달성 수준과 지표를 구체적으로 제시해 볼 수 있다.

피칭 사례 살펴보기

재활용이 되지 않는 플라스틱 용기의 문제를 해결하고 있는 이너보틀*은 자체 개발에 성공한 탄성 이너셀 기술을 적용한 친환경 용기 솔루션 기업이다. 지난 2020년 시리즈 A 투자 유치에 성공했다. 이너보틀은 투자 시점이 지금 최적의 시기라고 판단하는 근거를 정부의 정책, 소비자의 인식 변화, 제조회사의 방향성 세 가지로 정리하고 있다. 장기적인 관점에서 정부가 고려하는 정책의 방향성은 이너보틀에게 유리하게 작용한다는 점을 어필하고 있다.** 특히 소비자들의 인식 변화 역시 이너보틀의 가치와 부합하므로 시기상 적절하다는 점을 강조했다. 이 포인트로 주요 고객군이라고 할 수 있는 코스메틱 회사와 식료품 회사가 공언한 방향성을 제시하고 있다. 그들에게 이너보틀의 제품은 충분히 매력적이기에 채택될 가능성이 높다는 점을 자연스럽게 전달하고 있다.

* 혁신의숲 https://www.innoforest.co.kr/company/CP00002949
** 2019 블루포인트 데모데이 https://www.youtube.com/watch?v=cZJdIJCfLF4

피칭 사례 살펴보기

라스트오더%

앞에 살펴본 라스트오더*의 경우도 플랫폼 기준으로 공급자인 식당 사장과 수요자인 소비자의 두 가지 관점에서 목표 고객과 그 규모를 정의하고 있다.** 초기 거점 시장을 서울 전역으로 설정하고, 유효 시장을 점유해 나갈 단계적 계획을 밝힘으로써 성장 목표에 대한 로드맵을 제시하고 있는 점이 눈에 띈다. 주목할 점은 막연한 시장의 크기를 제시하기보다는 수익 모델에서 언급한 가맹비에 대한 연간 매출액을 바탕으로, 시장 규모에 대한 독창적인 스토리텔링을 전개한 것이다. 또한 성장을 목표로 하는 수익원 확대 및 고객 확보를 제시하고, 그를 통한 성장의 가속화와 속도감 등의 마일스톤을 근거로 어필하고 있다.

---

* 혁신의숲 https://www.innoforest.co.kr/company/CP00000358
** 2019 롯데엑셀러레이터 데모데이 https://www.youtube.com/watch?v=jzZGyeYAXkI

여섯 번째 원칙 Team :
결국 아이디어보다는
사람에 투자하라

> "
> 최적의 팀으로
> 충분한 능력을
> 갖추고 있음을 어필하라.
> "

● 왜 아이디어보다
사람이 더 중요한
투자 결정 요소라고 생각할까?

팀Team이 투자의사 결정에 끼치는 영향은 무시할 수 없다. 특히나 초기 기업일수록, 사람·팀 역량이 투자의사 결정에 영향을 미치는 비중이 확실히 높다고 알려져 있다. 투자자 관점에서는 추상적이고 미래지향적인 비즈니스 모델보다 팀 구성과 관련된 히스토리가 판단하기에 보다 객관적이기 때문이다. 아이디어는 사업 진행 과정에서 언제든 바뀔 수 있으나, 사업에 필요한 사람·팀 역량 Human Resource은 하루아침에 이루어질 수 없는 요소다.

창업자를 중심으로 팀 형성 과정은 물론 팀원 간 밀접한 관계인지, 무엇보다 해당 사업 추진에 필요한 전문지식을 보유하고 있는지 고려해야 한다. 투자자가 투자 이후 일정 기간을 이 팀과 함께 일할 수 있을지 판단하는 데 도움을 줄 수 있도록 해야 한다. 실리콘밸리 및 국내 투자자들도 초기 단계 스타트업의 경우 사업 아이디어보다 팀 구성을 중요하게 생각하고 있다. 그러므로 팀 구성원을 소개하는 내용을 작성할 때는 사업과 관련된 핵심적인 경력과 전문성을 중점적으로 부각해야 한다. 다음의 항목을 참고하길 바란다.

관련 사업 분야의 경험 혹은 전문성을 지닌 팀원 확보 여부
CEO를 중심으로 팀 구성 형성 과정
사업추진에 필요한 최소 핵심 인력 내부 확보 여부
필요시 도움을 받을 수 있는 외부 자문 및 멘토진 보유 여부

● 성장 마일스톤을 달성할
최적화된 팀 역량은 '실행력'

시장의 경쟁 환경에서 우리 회사가 지닌 경쟁 우위를 강조할 필요가 있다. 우리 회사만의 차별화된 팀 역시 경쟁 우위가 될 수 있다. 우리가 가진 팀이야말로 경쟁자들이 쉽게 따라 할 수 없는 강력한 무기라는 걸 전달해야 한다. 팀원의 독특한 배경도 무기가 될 수 있다.

팀을 통해 경쟁을 극복할 수 있다는 자신감을 전달해야 한다. 이상적인 조합이라고 할 수 있는 개발자, 디자이너, 비즈니스 전문가를 모두 포함한 창업 멤버로, 어떤 핵심적인 경험과 전문성을 보유하고 있는지 소개하는 것이 좋다. 그리고 성과를 정리하면서 이를 팀워크의 결과로 연결할 수 있어야 한다. 이를 통해 회사의 성장을 견인할 팀의 실행력과 사람에 집중할 수 있는 스토리를 전개해야 한다. 투자자의 투자 의향에 마침표를 찍게 하는 것이 팀이다. 팀을 어필함으로써 신뢰성을 높일 수 있다.

팀Team - 스토리텔링을 위한 핵심 질문

핵심 질문 1. 회사의 성장 목표를 달성할 최적의 팀으로 충분한 실행력을 갖추고 있다는 근거는 무엇인가?

CEO를 포함한 핵심 인력이 어떤 경력을 거쳤고, 어떻게 팀 구성이 이루어졌는지에 대한 이야기는 쉽게 만들어질 수 없다. 그렇기 때문에 매우 근거 있는 결과물로, 투자의사 결정에 영향을 미치는 비중이 높다. 특히나 초기 기업일수록 더욱 그러하다. 그러나 우리 팀의 실행력을 문서와 글로 표현하기가 생각보다 만만치 않다. 단순한 이력 사항의 나열보다는 팀 결성의 과정, 팀원 간의 시너지, 비즈니스 도메인에 대한 전문성을 집약해서 전달해야 한다.

핵심 질문 2. 팀이 누구보다 이 사업에 진심임을 무엇을 보면 알 수 있는가?

진정한 사업가라면 사업에 필요한 핵심 인력 즉 팀 구성을 먼저 준비한다. 그다음에 사업 아이디어를 차근차근 준비해가면서 투자자를 설득하는 것이 정상적인 절차이다. 미래가 불확실한 스타트업에 보석 같은 인재가 참여한 사실만으로 이미 해당 아이디어는 검증된 것이다. 사업 추진에 필요한 핵심 분야별 내부 인력이 확보되었음을 어필해야 한다. 그리고 타깃 고객층의 문제점에 절실히 공감하고 사업 분야에 대한 관심도가 높은 매니아로 팀원들이 구성되어 있음을 보여주어야 한다. 마지막으로 무엇보다 사업을 만들어 나가는 과정에서 팀원들이 추구하는 가치가 무엇인지 전달하는 것이 매우 중요하다.

핵심 질문 3. 우리 팀만의 독보적인 경쟁 우위는 무엇인가?

초기 창업 기업일수록 사람이 투자의사 결정에 가장 큰 영향을 준다. 이는 모든 사업의 행위 주체가 사람이고, 사업화의 성공과 실패의 주된 요인도 사람에 있기 때문이다. 투자자는 이를 잘 알기에 사람에 대한 투자 리스크는 매우 크다고 인식한다. 그러므로 피칭을 통해 팀의 역량을 강조, 투자자의 이러한 불안을 최대한 해소하는 것이 중요하다. 투자자는 스타트업이 시장에서 경쟁 우위를 갖추길 바란다. 이를 위한 우리 팀만의 독보적인 경쟁 우위와 불공정한 어드벤티지 Unfair Advantages를 최대한 어필해야 한다.

피칭 사례 살펴보기

perfitt

2020년 시리즈 A 투자 단계에서 유치를 성공한 AI 맞춤 신발 사이즈 추천 솔루션 기업, (주)펄핏*의 팀원들은 글로벌 IT 비즈니스, 신발 유통 소싱 전문가, AI 엔진, 빅데이터 분석, 소프트웨어, 하드웨어 영역에 다년간의 경험을 가진 팀 구성을 강조한다. 그리고 지난 수년간 신발에 대한 매니악한 집념과 열정으로 국내 신발업계에서는 일명 핵인싸로 거듭나고 있고, 성장에 필요한 핵심 분야별 내부 인력이 확보되었음을 어필하고 있다.**

도입 부분의 고객 문제 정의 단계에서부터 신발을 구매하는 과정에서 겪게 되는 문제 상황을 언급했다. 정사이즈를 샀는데 사이즈가 맞지 않거나 크기는 맞는데 길이가 맞지 않는 경우, 인터넷으로 구매한 신발의 사이즈가 부정확해 반품 및 교환하는 경우 등이다. 타깃층의 문제점에 절실히 공감하고 사업 분야에 대한 관심도가 높은 신발 매니아로 팀원들이 구성되어 있음을 보여주는 부분이 주목할 만하다. 창업 이후 사업화를 이뤄가는 과정에서 팀이 추구하는 가치가 무엇인지와 실행력을 뒷받침하는 강한 동기 부여를 적절하게 어필하고 있다.

---

* 혁신의숲 https://www.innoforest.co.kr/company/CP00001087
** 2019 IBK창공 데모데이 https://www.youtube.com/watch?v=gWbrHv3CsmE

피칭 사례 살펴보기

스크린골프장 종합 정보 및 예약 플랫폼 김캐디*의 피칭에서 팀 역량을 어필하는 스토리라인을 살펴보면 트랙션에서 언급된 그동안의 성과를 한 번 더 정리하고, 이를 팀워크의 결과로 연결하고 있음을 알 수 있다.** 무엇보다 회사의 성장을 견인할 팀 역량을 실행력으로 정의하였으며, 경쟁자가 쉽게 넘볼 수 없는 진입 장벽 역시 팀의 실행력으로, 결국 김캐디가 가진 독보적인 경쟁 우위는 팀임을 강하게 어필하고 있다. 또한 창업자 다섯 명의 팀워크를 실제 실행 성과로 설명하여 신뢰도를 높이고 있다. 만난 지 2달 만에 MVP를 출시하고 BM을 도입한 지 6개월 만에 월간 거래액 1억 원을 달성한 이런 실행력이 김캐디 팀에 대한 투자 가치이자 다른 누구도 모방할 수 없는 진입 장벽이라고 강조하고 있다.

---

* 혁신의숲 https://www.innoforest.co.kr/company/CP00002638
** 프라이머 16/17 데모데이 https://www.youtube.com/watch?v=6HlwtRYTKTY

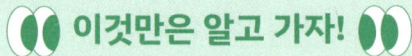

투자자 관점 vs 창업가 관점
Think like a venture capitalist

모드시Modsy의 CEO이자 설립자인 산나 텔러맨Shanna Tellerman은
벤처캐피탈리스트와 창업가는
완전히 다른 사고 방식을 가지고 있다고 말한다.
벤처캐피탈리스트의 시선을 사로잡으려면 이러한 차이점을 파악하고
그들의 관점에 따라 말하는 내용을 조정할 수 있어야 한다.

벤처캐피탈리스트와 창업가는 서로 다른 세계에 산다.
그러므로 벤처캐피탈리스트 또는 투자자의 관점에서 비즈니스를 보면
스타트업의 새로운 성장 가능성을 발견할 수도 있다.

창업가가 벤처캐피탈리스트의 자금력을 끌어들이고 싶다면,
먼저 그들처럼 생각하는 것부터 시작하는 것이 중요하다.

텔러맨은
"회의론자의 시각에서 귀하의 비즈니스를 살펴보십시오."라고 말한다.
모든 위험을 자세히 나열한 다음
각각의 사실, 지원 데이터 및 업계 연구를 통해
위험을 제거하는 데 시간을 할애하는 것이다.
이 과정을 통해 설득력을 갖출 수 있다.

창업가 Entrepreneur	투자자 Venture Capital
창업가는 자신의 비즈니스가 우선적으로 기회와 가능성이 있다고 생각한다.	사업 위험 요소를 먼저 인지한다. 사업성을 확인하고자 하는 중립적인 입장이다.
창업가의 관심 사항은 팀, 제품, 고객, 성장 경쟁력 유지 등 현상에 초점을 두고 있다.	벤처 투자가는 성장 속도에 초점을 맞추고 있다. MVP를 통해서 얻는 학습 속도, 진척도, 재무적 결과 및 앞으로 있을 잠재적 결과에 초점을 맞춘다.
지금 내 사업은 어떻게 되고 있을까? (분기/연도)	주요 비즈니스 지표 및 미래 자본 요구 사항은 무엇일까? 지금보다 앞으로 얼마나 클 수 있을까?
오늘 내가 경쟁사 대비 얼마나 나은가? (Better)	경쟁사가 제공하지 못한 부분을 가지고 있는가? (Differentiate) 누가 미래의 잠재 경쟁자가 될 것인가?
매출액을 보면서 나의 시장이 얼마나 규모가 큰지를 판단한다.	그 시장이 정말 크다고 생각하는가? 눈에 보이지 않는 혁신적인 시장 크기는?

제4장
피칭 스토리텔링 도구와 활용

투자를 받았다는 것은 초기 스타트업에게 무엇을 의미하는가.
투자 유치는 결코 사업의 성공을 의미하지는 않는다.
이 질문은 창업자에게 투자 유치라는 과정이
이루고자 하는 창업의 목표와 같은지에 대한 물음이다.
사업화 성공으로 가는 과정에서 투자에 관한 생각을
어떻게 잡을 것인가는 반드시 짚고 넘어가야 한다.

CPST 스토리보드와 피칭 사례

> 고객 문제 해결 중심의 CPST 피칭 스토리텔링
> 여섯 가지 원칙(C-P-S1-T1-S2-T2)으로
> 최근 투자 유치에 성공한 스타트업의
> 피칭 스토리라인을 분석한다.

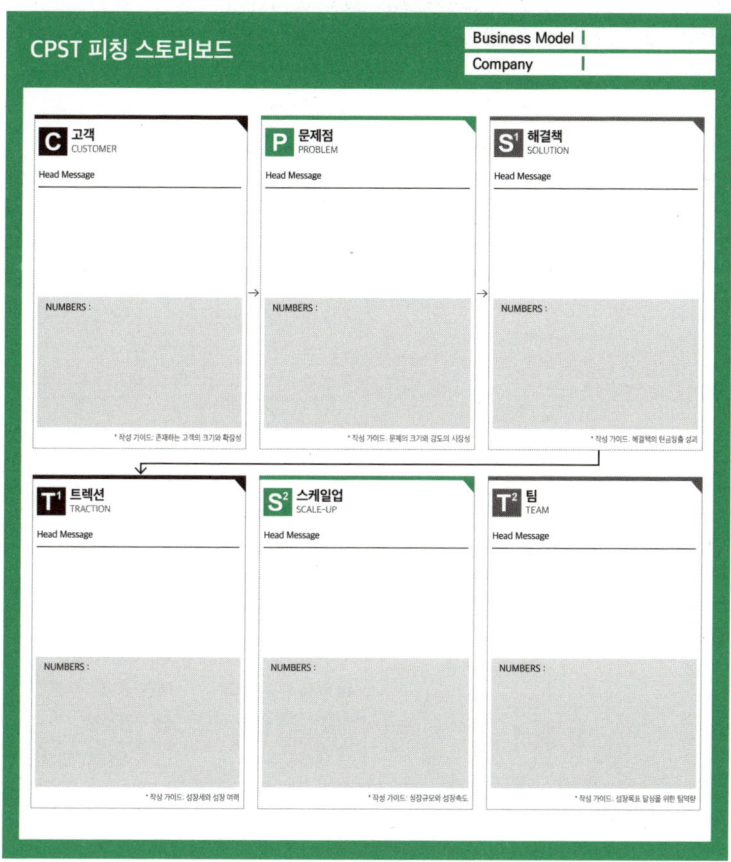

CPST 스토리보드와 피칭 사례 153

라스트오더_주식회사 미로*

투자 유치 금액 2020년 기준 총 30억 원 투자 유치(2019년 9월 시리즈 A 20억 유치)
아이템 마감 할인 식음료 상품 지역 기반 판매 중개 플랫폼

C	P	S	T
C : 타깃 고객	P : 문제점	S1 : 해결책	T1 : 트렉션
매번 유통기한 임박한 음식 처분을 고민하는 **가맹점주**	매일 버려지는 재고를 할인해서라도 팔고 싶지만, 알릴 방법이 없음	❶ **가맹점주** 마감 세일 정보를 쉽게 빠르게 알리는 모바일 앱 ❷ **소비자** 원하는 마감 상품 등록 & 푸시 알림	❶ 6개월에 46배 성장 ❷ 50개→2,300개로 판매 수 30배 이상 증가
		S2 : 스케일 업	T2 : 팀
		❶ **서울·경기·광역시 확장** 65만 개 업장 소상공인뿐만 아니라 대형 마트, 백화점, 편의점, 배송&배달까지 서비스 확장 ❶ **매장 방문 효과** 신규 고객 방문 유도로 매출 향상	❶ **대표** 지상파 방송국 PD 6년 경력 ❷ **기획팀장** 국가정책 기획·연구 경력 ❸ **마케팅팀장** 대형 광고회사 출신 ❹ **개발팀장** 개발 경력 20년 이상

---

* 혁신의숲 https://www.innoforest.co.kr/company/CP00000358
2019 롯데엑셀러레이터 데모데이 https://www.youtube.com/watch?v=jzZGyeYAXkI

CPST 피칭 스토리텔링
여섯 가지 원칙으로 사례 분석하기
라스트오더_주식회사 미로

❶ Customer(C)
가맹점에 선택과 집중의 전략, "한 놈만 팬다"
가맹점, 소비자 중에서 가맹점을 우선시한 스토리텔링 구조로 설득력을 높이고 있다. 가맹점주 현장 VOC_{Voice Of Customer}, 가맹점주 입간판, SNS 게재 내용 이미지 등과 시장 규모 측면에서 가맹점 이용 편의성, 가맹점 확대 등을 기준으로 삼고 가맹점을 주 타깃으로 설정하고 있다.
☞ 가맹점 확보가 이 사업의 핵심 성공 요인임을 정확히 간파한 센스가 돋보인다.

❷ Problem(P)
음식물 쓰레기 문제를 환경이나 사회적인 현상으로 보지 않고, 수요-공급 정보의 접근성 부재에 따른 구조적인 문제를 사례로 제시하고 있다.
☞ 사회적 문제점을 지적하는 경우, 대부분 소비자 문제가 더 큰 사회적 문제를 야기한다는 스토리텔링을 구사하게 된다.

❸ Solution(S1)
남은 음식물을 요식업 마케팅과 소비자의 착한 소비를 연결하는 마케팅 수단으로 재해석해, 음식물 쓰레기에 대한 새로운 해결책으로 '라스트 오더' 서비스를 제시하고 있다.
솔루션이 지닌 사업 확장성을 구체적으로 언급하지 못해 아쉬움이 남는다.

❹ Traction(T1)

가맹점 규모 확대와 가맹점에서 취급하는 마감 할인 품목 수 확대를 제시하고 있다.

☞ 트랙션 수치의 경우, 맥락을 전달하는 것이 중요하다. 6개월 내 46배 성장처럼 속도감을 표현함으로써 투자자 관심을 유도했다.

❺ Scale-Up(S2)

동일한 문제를 지닌 가맹점을 전국 단위로 확장하는 스케일 업과 오프라인 매장 방문을 유도하는 신규 고객 창출이라는 스케일 업을 단계적으로 구분하고 있다.

☞ 동네 슈퍼마켓, 편의점을 시작으로 대형 마트, 백화점, 배송&배달 서비스까지 확장 중임을 제시했다.

❻ Team(T2)

지상파 방송국 경력 PD 출신의 CEO와 경력 20년인 개발자로 구성된 팀 구성을 보여주고 있다. 소셜 벤처 특성상 해당 분야 전문가보다는 실행력을 우선시하고 있음을 강조한다.

코어 피칭 인사이트

소셜 벤처라면 반드시 따라 할 만한
스토리텔링 구조를 보여준 사례라고 할 수 있다.
양면 시장 플랫폼을 피치덱에서 다룰 때
선택과 집중이 얼마나 중요한지 확인할 수 있다.

라이클_라이클컴퍼니*

투자 유치 금액 2020년 기준 총 7억 투자 유치(2020년 10월 Pre-A 6억 유치)
아이템 자전거 셰어링 플랫폼에서 레저 용품 셰어링 플랫폼으로

C	P	S	T
C : 타깃 고객	P : 문제점	S1 : 해결책	T1 : 트렉션
매장에 판매되지 않는 자전거 등 유휴 자산 활용에 고민 중인 **자전거 구매자**	❶ 자전거 구입 대비 실제 활용 시간이 적어 유휴 자산이 낭비됨 ❷ 이 문제가 해결되지 않는 사회적 이슈가 있음	❶ 필요할 때만 유휴 자산 활용할 수 있는 렌털 서비스	❶ 리뷰 평점 95점 ❷ 누적 앱 다운로드 10만 건 ❸ 월평균 30% 거래 증가(4주 내 3천만 원 매출) ❹ 실제 이용객 6천 명
		S2 : 스케일 업	T2 : 팀
		❶ 동일한 문제를 갖고 있는 아웃도어 산업군으로 확장 ❷ 자전거, 스키, 전동 스쿠터 등 아웃도어 시장 확대 ❸ 합리적 소비에서 효율적 관리 영역을 추가 ❹ 보관, A/S 등 수익 모델 추가	❷ 대표와 공동창업자 자전거 마니아, 대학교 선후배 관계

---

* 혁신의숲 https://www.innoforest.co.kr/company/CP00000958
  프라이머 배치 14기 데모데이 https://www.youtube.com/watch?v=H33u31eetzk

CPST 피칭 스토리텔링
여섯 가지 원칙으로 사례 분석하기
라이클_라이클컴퍼니

❶ Customer(C)
소비자와 자전거 대여점 공급자 중에서 이용자를 주요 고객으로 선정하고 있다. 이런 이유는 유휴 자전거 확보가 시장 형성에 필요하기 때문이다.

❷ Problem(P)
자전거 구입 대비 유휴 시간 증가를 비교하는 사례 제시를 통해서 소비자의 인식 전환과 이로 인한 사회적 문제를 동시에 언급하고 있다.
☞ 사회적 문제점을 지적하는 경우, 대부분 소비자 문제가 더 큰 사회적 문제를 야기한다는 스토리텔링을 구사하게 된다.

❸ Solution(S1)
기존 문제점을 다른 분야로 확장할 수 있는 솔루션을 제시하고 있다. '오프라인에 있는 유휴 자산을 공유하여 비효율적인 소비 문제 해결'을 통해 사업 범위를 확장하는 구조로 플랫폼 BM 기업이 배워야 할 스토리텔링의 좋은 예시다.

❹ Traction(T1)
핵심 고객 반응과 서비스 이용실적 및 매출액을 핵심 지표로 제시하고 있다. 수백 개의 리뷰 평점은 95점, 올해 2월 누적 앱 다운로드 10만 건, 단 80곳의 자전거 매장과 제휴 월 평균 30%씩 거래 증가, 실제 이용 고객은

6천 명, 4주도 되지 않아 3천만 원 이상의 매출 발생 등 정량화된 지표를 보여주고 있다.

❺ Scale-Up(S2)
유휴 자산의 비효율적 소비 문제점을 동일하게 가진 레저, 아웃도어 인접 시장으로 사업을 확장하면서 새로운 수익원도 발굴하고 있다.
스키, 전기 바이크 등 레저와 아웃도어 산업으로 서비스 플랫폼을 확장하고 있다. 거기에 더해 장비 대여에서 A/S, 배송 등 관리 영역까지 사업 범위를 넓혀가고 있음을 보여준다.

❻ Team(T2)
해당 분야의 전문성은 없으나, 실제 소비자의 문제점 확인을 위해서 발로 뛰면서 노력했다는 실행력을 제시하며 팀워크를 강조하고 있다.

코어 피칭 인사이트
스토리텔링 구조가 라스트오더와 매우 흡사하다.
마찬가지로 양면 시장 플랫폼을 피치덱에서 다룰 때
선택과 집중의 중요성이 얼마나 중요한지 확인할 수 있다.

앤디_(주)문*

투자 유치 금액 2020년 기준 총 5억 투자 유치(2018년 1월 지원금 5억 유치)
아이템 안전한 주사기 자동 처리기기

C	P	S	T
C : 타깃 고객	P : 문제점	S1 : 해결책	T1 : 트렉션
주사기 찔림 관련 사용자이자 피해자인 **간호사**	코로나19 상황에서 주사기 사용 이후 바늘을 따로 제거할 때, 주사침 찔림으로 감염되는 상황이 빈번함	❶ 간호사가 끌고 다니는 트롤리에 그대로 얹을 수 있음 ❷ 사용한 주사기를 넣기만 하면 자동으로 바늘과 배럴을 절단하여 폐기물통에 분리	❶ 의료 환경이 열악한 베트남 120개, 몽골 3개 병원 테스트 ❷ 삼성병원 등과 실증공동연구 ❸ 100명 간호사 인터뷰
		S2 : 스케일 업	T2 : 팀
		❶ 'ANDY'를 통해 '주사기 및 소모품 재고 관리 EMR' 솔루션으로 확장	❶ **CEO** 건축학도 ❷ **팀원** 엔지니어 ❸ **자문** 의학전문가

---

* 혁신의숲 https://www.innoforest.co.kr/company/CP00002822
  2019 블루포인트 데모데이 https://www.youtube.com/watch?v=eR-POr5ihck

CPST 피칭 스토리텔링
여섯 가지 원칙으로 사례 분석하기
앤디_(주)뮨

❶ Customer(C)
주사기 찔림 대상인 간호사를 주 타깃으로 설정하고 있다.
☞ 의료진들이 겪는 고통을 해결하고자 처음부터 의료진을 타깃으로 한 새로운 고객을 발견하고 있다.

❷ Problem(P)
문제가 발생하는 구체적인 상황도 고객 정의와 일치하는 스토리 구조를 보여주고 있다. 주사기 사용 이후 바늘을 따로 제거할 때 발생하는 **피할 수 없는 문제**라는 것에 집중하고 있다. 피치덱 시간을 배분하면서 Problem 부분에 상당히 많은 공을 들이고 있다.

❸ Solution(S1)
핵심 고객인 간호사 입장에서 해결 과정을 제시하고 있다.
정량적인 고객 가치를 제시하고(1초), 간호사가 지닌 문제점에 대해서 구체적으로 어떻게 해결할지 현장감 있고 상세하게 묘사하고 있다. 가장 핵심적인 솔루션 가치는 주사기 사용량에 대한 데이터 수집으로 확장성과 연관이 높다.

❹ Traction(T1)
가장 빠르고 쉽게 확보할 수 있는 트랙션에 집중하고 있다.

❶ 의료 환경이 열악해서 간호사 안전이 보장되지 않는 개발도상국 병원을 선택했다. 베트남에 120개, 몽골에 3개 병원에 테스트한 실적을 제시하고 있다.

❷ 국내 대표적인 의료 기관인 삼성병원 등과 실증 공동 연구를 진행하여 신뢰도가 높은 지표를 확보했다.

❸ 간호사 100명을 인터뷰해 핵심 고객과 관련한 구체적 지표를 제시하고 있다.

❺ Scale-Up(S2)

소모품 판매를 넘어서 병원 주사기 재고 관리 솔루션으로 확장 가능성을 강조하고 있다.

'ANDY'를 초기 시장 진입 이후 '주사기 및 소모품 재고 관리 EMR' 솔루션으로 확장하면서 궁극적으로 데이터 기반 비즈니스 모델을 최종 목표로 한다는 것을 강조하고 있다.

❻ Team(T2)

CEO는 건축학도, 팀원 대부분이 엔지니어이며 의학전문가가 자문으로 참여하고 있다.

코어 피칭 인사이트

<u>피치덱에서 Problem이 도입 부분에 왜 필요한지를 잘 보여주고 적극적으로 활용한 사례.</u>
<u>고객인 간호사를 주인공으로 모든 이야기를 일관되게 구성하는 스토리텔링 구조가 우수하다.</u>

논샘팬티 _ 주식회사 단색*

투자 유치 금액 2021년 기준 총 29억 투자 유치(2021년 1월 Pre-A 10억+ 유치)
아이템 여성 기능성 속옷 전문 브랜드

C	P	S	T
C : 타깃 고객	**P : 문제점**	**S1 : 해결책**	**T1 : 트렉션**
여성 고객 (사용자 & 구매자)	피할 수 없는 문제인 생리대 발암물질 검출, 환경 파괴 문제 (450년 소요)	❶ **환경적** 재활용 원단 ❷ **건강적** 5중 구조 흡수력, 1/3 수준 소취력 ❸ **경제적** 기존 대비 1/2 지출 비용 절감	❶ 6개월 내 1억 원 달성 ❷ 동종사의 대비 3배 이상 14%대의 재구매율 ❸ 구매 만족도 4.92점/5점 ❹ 업계 1위
		S2 : 스케일 업	**T2 : 팀**
		❶ 흡수력 관련 기술 활용한 요금제 팬티	❶ **CEO** 여성 의류 관련 커머스 경력 ❷ **총괄 디자이너** 비비안 경력

---

* 혁신의숲 https://www.innoforest.co.kr/company/CP00000463
2020 스토리지 데모데이 https://www.youtube.com/watch?v=wFZ3ResOyvM

CPST 피칭 스토리텔링
여섯 가지 원칙으로 사례 분석하기

논샘팬티_주식회사 단색

❶ Customer(C)
사용자면서 구매자인 여성 고객을 타깃으로 설정하고 있다.

❷ Problem(P)
여성이라면 피할 수 없는 문제인 생리 용품 이슈를 제시하고 있다.
기존 생리대 사용 시 발생하는 건강 이슈 및 환경 파괴 관련 이슈를 수치화
하고 불만족 현상을 열거해 보여준다.
☞ 이미 알려진 문제이나 구체적인 수치를 활용해서 공감할 수 있는 요소를 끌어냈다.

❸ Solution(S1)
흡수력이 논샘팬티 솔루션의 주요 컨셉이다.
솔루션이 지닌 고객 가치를 정량적으로 묘사하고 있다. 논샘팬티 사용 비용이 생리대 구입 비용보다 적다는 것이다. 더불어 피칭의 많은 부분을 기술력, 자사 제품과 경쟁사 영상 비교 등으로 구성된 비주얼 요소를 활용했다. 제품 판매 관련 구체적인 트랙션 제시를 통해 신뢰도를 확보하고 있다.

❹ Traction(T1)
신생 기업 제품임에도 불구하고 단시간에 재구매율, 만족도, 매출액 등으로 업계 1위를 달성한 점으로 제시하고 있다.
6개월 만인 18년도 2분기 이후부터는 월매출 1억 원 이상씩 꾸준히 달성했고, 동종사의 4~5%대의 재구매율을 훨씬 웃도는 14%대 재구매율을 보유하고 있으며, 업계 1위라는 것과 5점 만점에 4.92점이라는 높은 구매 만족도 등을 강조하고 있다.

❺ Scale-Up(S2)
흡수력 기술을 활용해서 고객층을 다양화하는 확장 전략을 제시하고 있다.
흡수력 관련 기술을 활용한 요실금 팬티 출시를 통해서 중장년 여성층까지 확보함으로써 여성 전 연령대에 필요한 팬티 제품을 공급하는 것을 목표로 하고 있다.

❻ Team(T2)
CEO는 여성의류 관련 커머스 경력, 총괄 디자이너는 속옷 브랜드 비비안 경력이 있다.

코어 피칭 인사이트
문제점부터 시작하는 피치덱과 달리 시장 진출 이후 나타난 지표와
매출 성장세를 핵심으로 전달하는 구조로
제품 판매 커머스 스타트업이 참고할 만한 피치덱이라고 할 수 있다.

펄핏_(주)펄핏*

투자 유치 금액 2020년 기준 총 31억 투자 유치 (2020년 12월 시리즈A 25억+ 유치)
아이템 AI 맞춤 신발 사이즈 추천 솔루션

C	P	S	T
C : 타깃 고객	**P : 문제점**	**S1 : 해결책**	**T1 : 트렉션**
원하는 신발, 사이즈를 찾지 못해서 불편함을 겪는 고객	❶ 발 길이만 보고 신발 구입 ❷ 사이즈 이외 발볼 넓이나 발등 높이 정보가 불일치해 반품 발생	❶ 발 사이즈 측정하는 AI 솔루션 머신 러닝 & 고객소통	❶ AI 정확도 86% ❷ 글로벌 신발 제조사 솔루션 제공(부룩스, 뉴발란스, S마켓)
		S2 : 스케일 업	**T2 : 팀**
		❶ 발 사이즈 데이터 '펄핏 엔진' 비스니스 모델 신발 제조사, 대형 커머스, 플랫폼 기업, @Brand Store 모바일 플랫폼 서비스	❶ CEO 여성 신발 커머스 실패 경험 보유 ❷ 팀 구성 사람 중심으로 소개

---

* 혁신의숲 https://www.innoforest.co.kr/company/CP00001087
2019 IBK창공 데모데이 https://www.youtube.com/watch?v=gWbrHv3CsmE

CPST 피칭 스토리텔링
여섯 가지 원칙으로 사례 분석하기

펄핏_(주)펄핏

❶ Customer(C)
신발 제조사 및 유통사업자(나이키 등)를 타깃으로 설정하고 있다.

❷ Problem(P)
사이즈가 맞지 않는 신발의 교환·반품과 비용 발생은 이미 알려진 문제이다.
☞ 신발 사이즈에 발의 길이만 제시되어 너비, 높이가 맞지 않아 발생하는 반품의 문제점을 구조적으로 보여줌으로써 차별화된 접근을 보이고 있다.
운동화 이외의 다른 품목으로 확장 가능성을 암시하고 있다.

❸ Solution(S1)
발 사이즈를 측정하는 AI 솔루션을 제공하고 있다. 솔루션을 확보하는 방안이 독창적이다.
고객은 사이즈 불만족 문제 해결을 위해서 데이터를 제공하고, 유통사는 반품 비용 줄이고자 운동화 사이즈 정보를 제공하는 내러티브 구조가 혁신적이다. 대표적인 브랜드 '나이키'를 포함한 Top10 브랜드 위주의 내측 사이즈 확보 전략 역시 마찬가지다.

❹ Traction(T1)
인공지능과 데이터 비즈니스에 필요한 핵심 지표를 제시하고 있다.
AI 추천 엔진은 현재 86% 정확도를 보이고, 97%를 목표로 하고 있음을 제시했다. 삼성물산 브룩스 신발 유통사 전 매장, 뉴발란스, S마켓 등 글로벌 기업과의 제휴 실적을 강조하며 신뢰도를 높이고 있다.

❺ Scale-Up(S2)

발 사이즈 데이터 기반 확장 가능한 '펄핏 엔진' 비즈니스 모델로 피칭을 전개하고 있다. 데이터베이스를 확보한 펄핏 엔진으로 신발 제조 유통사 및 대형 e커머스사들, 타깃 마케팅을 주도하는 커머스 플랫폼기업 대상 다양한 과금 모델로 확장할 수 있음을 보여준다.

☞ 고객 발 사이즈 데이터 추가 확보를 위해서 @Brand Store 플랫폼 서비스 확장을 진행하고 있음을 강조하고 있다.

❻ Team(T2)

CEO의 과거 신발 사업 경험 및 사업에 필요한 분야별 핵심 인력 확보를 강조하고 있다.

CEO의 여성 신발 커머스 실패 경험을 제시하고 있다. 그리고 글로벌 IT 비즈니스, 신발 유통 소싱 전문가, AI 엔진, 빅데이터 분석, 소프트웨어, 하드웨어 영역에 다년간의 경험을 가진 팀원을 강조하고 있다.

코어 피칭 인사이트

'인생신발'이 피칭의 핵심 키워드이면서
기억에 남는 강력한 메시지로 활용했다.
AI 기반 비즈니스 모델은 기술력과 고객 소통을
병행하는 과정이 필요함을 보여주는 사례로 주목할 만하다.

이너보틀_(주)이너보틀*

투자 유치 금액 2020년 8월 수십억 원 규모 시리즈A(초기 투자) 펀딩 완료
아이템 화장품 남김없이 쓰는 용기

C	P	S	T
C : 타깃 고객	P : 문제점	S1 : 해결책	T1 : 트렉션
용기 구조상 화장품 10%는 끝까지 사용하기 어려워서 불편한 화장품 구매자 여성	화장품 용기 문제 ❶ 사용자 용기에 남은 내용물을 비위생적으로 긁어 쓰고 있음 ❷ 제조사 기업도 소비자 문제점을 인지하나 용기의 재활용 비율이 매우 낮아서 해결이 어려움	❶ 이너보틀 안에 내장된 친환경 실리콘 풍선 이너셀로 내용물을 안전하게 남김없이 사용 가능	❶ 화장품 제조 3사와 협업실적 ❷ 레드닷 디자인 수상
		S2 : 스케일 업	T2 : 팀
		❶ 이너보틀 충진 설비 ❷ 이너보틀 익스펜더 (용기 형태에 관계 없이 재활용 용기 변신) ❸ 라이센싱 BM ❹ 순환 경제 플랫폼	❶ 대표 변리사 ❷ 팀 구성 대기업 출신 디자이너, 기계 설계 전문가로 구성된 전문가 집단

* 혁신의숲 https://www.innoforest.co.kr/company/CP00002949
  2019 블루포인트 데모데이 https://www.youtube.com/watch?v=cZJdlJCfLF4

CPST 피칭 스토리텔링
여섯 가지 원칙으로 사례 분석하기
이너보틀_(주)이너보틀

❶ Customer(C)
사용자이면서 구매자인 여성 고객을 타깃으로 설정하고 있다.

❷ Problem(P)
화장품 사용 시 내용물을 남김없이 사용하지 못하는 문제가 있음을 보여주고, 잔여 내용물이 들어있는 채로 버려지는 화장품 용기로 인한 환경오염 문제까지 제시하고 있다.
☞ 용기 플라스틱 재활용 비율이 10% 미만인 점을 더욱 심각한 문제로 인식하고 있다.

❸ Solution(S1)
기존 화장품 용기 자체를 개선해야만 완벽하게 문제가 해결됨을 강조한다.
기존 화장품 용기 재사용·재활용이라는 특정한 문제에 집중하는 스토리텔링을 하고 있다. 그리고 영상을 활용해서 내용물과 잔여물을 완벽히 제거하는 모습을 어필하고, 용기 재활용 가능성을 제시해 스케일 업으로 자연스럽게 피칭을 이어가고 있다. 실리콘 재활용을 위한 Re:turn 플랫폼 서비스로 사업 확장 가능성을 암시하고 있다.

❹ Traction(T1)
화장품 제조 회사의 협력이 가장 중요한 핵심 지표로 활용되고 있다.
화장품 기업 3개 사와 협업을 필두로 레드닷디자인 수상, K-startup 대통

령상 수상 등을 활용하고 있다.

❺ Scale-Up(S2)
이너보틀 기술을 활용한 다양한 확장성을 제시하고 있다.
가장 먼저 이너보틀 충전설비(HW) 판매, 기존 설비에 연계한 이너보틀 익스펜더, 기술 라이센싱과 순환 경제 형성을 위한 플랫폼까지 제시하고 있다.

❻ Team(T2)
10년 경력 변리사 CEO, 패키징 전문가, 변호사로 구성된 완벽한 팀임을 강조하고 있다.

코어 피칭 인사이트
소셜 벤처에 필요한 두 가지 요소인 기술을 통한
BM 확정성, 사회적 문제 해결을 매우 설득력 있게 제시했다.

김캐디_(주)김캐디*

투자 유치 금액 2020년 2월 Pre-A 5억+ 투자 유치
아이템 스크린골프장 종합 정보 및 예약 플랫폼

C	P	S	T
C : 타깃 고객	P : 문제점	S1 : 해결책	T1 : 트렉션
20~30대 스크린골프 이용고객	스크린골프 매장 이용 시 매장별 가격과 시간대별 가격 구분, 결제 수단별 정보가 상이하여 일일이 전화로 확인해야 했던 불편 존재	'김캐디' 모바일 App ❶ 체계화된 매장 정보(지도상 가격비교 정보) ❷ 간편한 모바일 예약	❶ 재구매율 88% ❷ 월간 거래액 112% ❸ 출시 6개월 만에 4만 건의 예약 발생
		S2 : 스케일 업	T2 : 팀
		❶ 평일 골프+주말 골프+해외 골프 예약 시장으로 확대	❶ 대표 전략 컨설턴트 출신, 스크린골프장 아르바이트 경험 ❷ 팀 구성 디자이너, 개발자, 기획·마케터

---

* 혁신의숲 https://www.innoforest.co.kr/company/CP00002638
프라이머 16/17 데모데이 https://www.youtube.com/watch?v=6HlwtRYTKTY

CPST 피칭 스토리텔링
여섯 가지 원칙으로 사례 분석하기

김캐디_(주)김캐디

❶ Customer(C)

20~30대 스크린골프 이용자를 타깃으로 설정하고 있다.
골프장 업주에 대한 이야기는 거의 하지 않는다.

☞ 사전 이용권을 골프장 업주로부터 구매하기 때문에 고객 확보가 용이하다고 본다. 핵심 타깃을 골프장 이용자로 선정한 점이 기존 배달의민족과는 다른 선택이다.

❷ Problem(P)

스크린골프 대중화로 인해 가격 정보 접근성에 대한 불편함을 문제로 제시하고 있다.

☞ 평일 골프 시장(스크린골프 + 골프 연습장)이 문제 크기가 큰 시장으로 정의되었다.

❸ Solution(S1)

솔루션이 지닌 고객 가치를 정량적으로 묘사하고 있다. 김캐디 애플리케이션 화면을 단계적으로 제시하면서 가격 비교 편리성, 예약 편의성을 활용해서 문제 해결력을 보여줬다.

❹ Traction(T1)

김캐디가 지닌 솔루션과 관련된 핵심 지표로 재구매율, 월간 거래액, 예약 건수를 속도감을 더해서 표현하고 있다.

☞ 재구매율이 88%에 이르며, 월간 거래액도 매월 112%씩 증가해 5개월 만에 월

간 거래액 1억 원을 달성한 점, 예약 기능 출시 이후 매달 64%씩 예약량이 증가해 월간 4만 건 정도의 예약이 발생한 점을 강조하고 있다.

❺ Scale-Up(S2)
20~30대 핵심 고객이 주로 이용하는 평일 골프 시장을 기반으로 주말 골프, 휴가 골프 영역으로 확장을 준비 중임을 제시했다. 골프장, 스크린골프를 아우르는 골프 예약 시스템을 국내외로 확장하는 것을 목표로 함을 강조했다.

❻ Team(T2)
비즈니스 전략가인 CEO, 대기업 및 스타트업 출신 디자이너, 개발자로 구성된 가장 이상적인 팀으로 소개했다. 팀원이 지닌 실행력, 팀 구성에 대해 개별적이고 특이한 경력 소개와 더불어 지금까지 함께하고 있는 점을 강조하고 있다.

코어 피칭 인사이트
<u>마치 배달의민족이 사업 초기 소상공인 네트워크 효과를 확보하는 스토리를 보는 듯한 피칭이다.</u>

CPST 피칭 스토리텔링 가이드

"
사업화 성공으로 가는 과정에서
투자에 관한 생각을 어떻게 잡을 것인가.
"

● 고객은 덧셈이 아니라
'뺄셈'이다

백상훈 Ph.D
CPST 코어 피칭연구회 / 대표 코치

"아르바이트 대학생, 노무사, 사업주 중 누가 고객입니까?"

초기 고객 선정의 어려움 – 고객이 너무 많은데 좀 뺄 수 없나요?

　　　　멘토링을 해오면서 아이디어보다 그 사람에 먼저 집중하고자 노력하고 있다. 입주 기업 대상 피칭 교육을 마친 후 멘토링 요청을 받았다. 그렇게 A회사 대표님을 만나게 되었다. 엘리베이터 피칭에서 보여준 A사 대표님의 모습이 인상적으로 남아 있다. 대표님의 나이는 20대 초반이었다. 창업 동아리 활동, 아르바이트 등 풍부한 경험 덕인지 자신 있는 목소리에서 시장에 대한 확신이 느껴졌다. 자리에 앉자마자 사업 확장성에 대해 물었다.

　　　　"대표님 아르바이트생 대상으로 하는 시장이 너무 협소한데, 확장 계획은 무엇인가요?"

　　　　"저희 서비스를 아르바이트생이 겪는 노무 문제 해결로만 생각할 수도 있습니다. 그렇지만 저희 진짜 목표는 소상공인 고용주가 근로계약에서 발생하는 모든 문제를 해결해주는 플랫폼 비즈니스를 육성하는 것입니다."

예상대로 플랫폼 서비스 대표가 생각할 수 있는 확장성이다. 대표 말대로 이 서비스는 양면 시장 플랫폼 서비스다. 플랫폼 비즈니스 모델은 여타 서비스 대비 확장성이 높아서 어찌 보면 당연한 답변이다. 양면 시장이 지닌 고객 세분화의 어려움을 알기 때문에 바로 다음 질문을 이어갔다. 초기 고객을 어떻게 모을 것인가를 물어봤다.

"그렇다면 누가 첫 번째 고객이 되는 것일까요? 피치덱 흐름을 보면 첫 번째 고객은 아르바이트생이 맞나요?

"첫 번째 고객은 아르바이트생입니다. 제가 학생 시절 경험도 해보았고 MVP 테스트 반응도 긍정적으로 나오고 있습니다."

나는 아르바이트생도 중요하지만 고용주, 노무사 등 이해관계자의 적극적인 참여 없이는 플랫폼 성장이 힘들 것이라고 지적했다. 피치덱에 나오는 비즈니스 모델은 고용주, 노무사로부터 수수료를 청구하고 있었다. 이런저런 이야기를 진행하면서 대표가 답변을 바꾼다.

"코치님이 지적하신 의견을 들어보니 저희 고객은 아르바이트생, 고용주, 노무사 세 명입니다."

내가 원하던 답변은 아니다. 고객이 하나가 아니라 두 명

늘어난 세 명이라니! 플랫폼 기업은 여러 고객이 존재하기 때문에 자신이 작성한 고객 유형 모두 결코 무시하거나 빼서는 안 되는 중요 고객이라고 확신한 듯 보였다. 그도 그런 것이 양면 시장 플랫폼은 2명 이상의 고객이 필요충분조건이다.

이런 이유로 플랫폼 비즈니스 모델 스타트업에게는 초기 고객 선택은 어려운 숙제다. 더구나 대표자 본인이 학창 시절 아르바이트를 경험하면서 만난 실제 문제를 해결하고자 창업했다. 충분히 이해가 가지만 한 가지를 놓치고 있다. 정작 본인이 시작하는 플랫폼 비즈니스에서 초기 고객 선택과 집중이 얼마나 중요한지 모르고 있었다. 혹은 알고 있다고 착각한 것이 아닐까?

플랫폼 비즈니스에서도 자신의 사업 시장과 고객을 분석해 쪼개고 쪼개서 가장 작은 단위까지 나누는 '고객 세분화'가 필요하다. 고객 세분화는 예외없는 철칙이다. A기업 대표는 아직 고객에 대한 이해가 매우 부족했다.

"대표님, 고객이 너무 많은데 좀 뺄 수 없나요?"

A사 대표는 배달의민족, 카카오톡도 여러 명 고객이 있지만 크게 성공하지 않았느냐면서 고객을 줄일 수 없다고 고집했다. 플랫폼 기업이라면 이 정도 어려움은 감당할 수 있다고 했다. 고객 세분화에 대해서 신통치 않은 반응을 보였다.

A사의 피치덱을 같이 살펴보는 것으로 관심을 돌렸다. Pre 시리즈 투자를 목표로 하는 A사 피치덱은 너무 많은 고객이 등장하

면서 기업의 핵심이 무엇인지 알 수 없을 정도로 뒤죽박죽이었다. A사는 CPST 여섯 가지 키워드를 중심으로 고객을 펼쳐서 시각화했다. 하지만 마치 장면마다 주인공이 바뀌는 영화를 보는 것처럼 너무 많은 고객이 등장했다. 예를 들어 초기 거점 시장의 고객은 아르바이트생이었고, 비즈니스 모델에서는 고용주였다. 그런데 시장 규모는 아르바이트와 고용주를 제외한 노무 서비스 시장 수치로 나왔다. A사 피치덱은 많은 고객이 등장하면서 기업의 핵심을 잃고 산만해졌다. 듣는 청중은 도대체 누가 고객인지 계속 헷갈릴 수 밖에 없었다.

더하기보다 빼기 - 돈을 지불하는 고객은 누구인가요?

스타트업의 자원은 절대적으로 부족하다. A기업 대표의 역량도 대기업 중견기업 전문경영인에 비교하면 대단하지 않다. 기업 보유 역량과 활동 범위는 정비례 관계다. 역량의 크기가 작다면 활동 범위 역시 작게 잡아야 한다. 고객 집단 역시 더하기보다 빼기에 집중하며, 스타트업의 역량과 맞춰야 한다.

그러나 내가 만났던 스타트업 대표들 대부분이 시장 범위 좁히기를 단호하게 거부했다. 타깃 고객 집단을 좁히라고 하면 시장이 작다고 걱정을 앞세우며 "이럴 거면 사업을 왜 하나요?"라고 반문했다. 시장의 범위와 포부의 크기가 일치한다고 오해하는 경우가 많았다. 포부와 역량은 다르다. 코치 입장에서 작고 날카롭게 핵심 고객 한 명에게 집중하도록 이끌고 싶지만, A사 대표 역시 반감을 먼저 드러냈다. 선택은 결국 자신의 몫이다. 대표 스스로 깨닫는 것이 중요하다. 그래서 고객 관련 질문을 바꾸었다.

"대표님, 우리 서비스에 돈을 지불하는 고객은 누구인가요?"

그렇다. 고객은 소비자, 지불자, 구매자로 구분해야 하는 점을 상기시킨 것이다. 한참을 고민하던 A사 대표가 답변했다.

"아르바이트생을 고용한 사업주가 돈을 지불하는 고객이네요. 아르바이트생, 노무사는 수익 창출 관점에서는 연관성이 낮네요"

이어진 답변에서 사업주가 우리 서비스를 이용하지 않게 되면, 아르바이트생이 지닌 임금 문제 해결 방식도 작동하지 않을 테니, 고용주가 우리 서비스를 가장 먼저 필요로 한다고 말했다. 사업 진행 순서에 따라 우선순위 고객을 재검토할 필요가 있겠다고 말이다.

시장을 이해하려면 먼저 시장에 속한 고객을 제대로 알아야 한다. 그리고 다수 고객을 만족시키는 것이 아니라 단 한 사람의 얼리어답터 혹은 한 사람의 고객을 충분히 만족시키는 것이 출발점이다. 플랫폼 비즈니스 모델처럼 빠르게 성장하고 싶은 스타트업이라면 크고 넓은 그림을 그리는 행위는 자살 행위다. 아무리 좋은 아이디어라도 결국 그것을 펼치는 사람의 실력이 중요하다. 그리고 그 실력을 갖추고 싶다면 다음의 말을 기억해야 한다.

"시장과 고객은 좁히는 것이 실력이다. 좁히지 못하면 망한다."

CPST 코칭 사례 : 최초 버전

타깃 고객 (Customer)
아르바이트 근로자 + 고용주 + 노무사

문제점 (Problem)
아르바이트생 10명 중 7명은 일하는 도중 73.9%가 임금 관련 부당한 일을 겪음

고용주 & 노무사
관련 문제점은 제시하지 않음

해결방안 (Solution)
부당한 임금 문제 해결을 위한 **공인노무사** 매칭 플랫폼

- QR코드 급여 관리(아르바이트)
- 사업주를 위한 법률 서비스 (고용주)
- 세금 계산 서비스 (고용주 + 알바)
- 커뮤니티(아르바이트)

트렉션 (Traction)
대학생 커뮤니티(에브리타임) 대상으로 한 설문조사 및 MVP 테스트

확장성 (Scale Up)
고용주 대상 월정액 과금 비즈니스 모델에서 노무사 대상 광고 서비스로 확장

팀 구성 (Team)
CEO는
20대 노무사 출신 전문가

● 피칭은
'질문'과 '피드백'의
상호작용이다

김유진
CPST 코어 피칭연구회 / 대표 코치

창업자를 코칭하면서, 상호 작용 측면에서 가장 중요하게 생각하는 것은 동기 부여와 마인드셋을 확인하는 과정에서 형성되는 라포Rapport다. 라포는 앞에 앉아 있는 사람의 마음을 초반에 빨리 움직여서 코치에게 집중하도록 만드는 데 쓰인다. 코칭은 갑론을박을 따지는, 또는 코치와 토론하듯이 강하게 부딪히는 대화가 아니다. 코치이가 스스로의 피칭 역량을 인식하게 만드는 것이 주된 목적이다. 나의 피칭 코칭은 질문에서부터 시작한다. 부족한 부분이 얼마큼인지에 대한 인식을 공유하는 것이 중요하다. 결국 부족한 부분을 찾아주고 채워줘야 하는 게 나의 역할이기 때문이다. 이때 주로 사용하는 질문은 아래와 같다.

질문1. 지금까지 우리는 이 시장에서 얼마나 큰 성과(계량 가능한)를 만들어 내고 있는가?

질문2. 그들, 투자자(고객)들이 우리 사업에 투자 관심을 보이는 이유는 무엇인가?

질문3. 우리가 '투자를 받았다!'는 것은?

지금까지 우리는 이 시장에서
얼마나 큰 성과(계량 가능한)를 만들어 내고 있는가?

투자자들은 이 부분을 가장 먼저 알고 싶어 한다. 하지만 창업자는 이 질문에 강한 스트레스를 받는다. 이 시장에서 얼마만큼의 성과를 내고 있는지, 그 성과가 얼마나 큰지에 대해서 제대로 답하는 초기 창업자는 드물다.

이 질문에서 어려운 부분은 계량이다. 지금까지 달성한 성과가 얼마나 크고 얼마나 부족한지를 어떻게 계량할 것인가. 어떤 자세한 매출이나 수익에 관한 지표를 요구하는 것은 아니다. 코칭이 필요한지를 파악하기 위한 질문이다. 대개 지금의 성과를 10점 만점에 어느 정도에 와 있는지 체크하는 것으로 갈음한다. 10점 만점에 3점, 10점 만점에 8점, 이런 식이다. 이때 자연스럽게 10점에 대해 묻는다.

창업자가 생각하는 10점 수준의 성과란 과연 무엇인지 이야기해 보자. 창업자의 기대치와 성공의 이미지를 확인할 수 있을 것이다. 만약 10점 만점에 7점이라고 답했다고 한다면 7점의 성과가 무엇인지 확인한다. 7점의 성과에 관한 이야기를 나누고 피드백을 주고받는다. 이 과정에서 나는 이 창업자와 사업 아이템의 강점과 성장 잠재력에 대한 중요한 단서들을 찾는다. 이때 피드백은 긍정적일수록 좋다. 자신도 미처 몰랐던 강점을 제삼자를 통해 발견하는 것은 창업자에게 적지 않은 자신감으로 작용하기 때문이다. 그다음 코칭의 핵심은 나머지 3점에 있다. 대부분 창업자는 우리 회사의 부족한 점에 대해서 누구보다 잘 알고 있다. 충분한 라포가 형성되었다면 창업자는 코치에게 최대한 솔직하고 간절하게 도움의 손을 내밀게 된다.

얼마 전 액셀러레이팅 프로그램의 지원을 받는 초기 창업자의 투자 유치 준비도 진단 코칭을 진행한 적이 있다. 사업 아이템은 디지털 헬스케어 시장을 목표로 뇌경색 예방을 위한 잠재 환자 고객용 관리 서비스 제공이었다. 이 분야의 박사 학위까지 보유한 창업자는 창업 이후 연구 개발에 몰두해 질병 예측 관리 모델과 알고리즘을 만들었고 이 분야의 전문가를 중심으로 팀을 꾸려 왔다.

창업자 대표는 여기까지가 10점 만점에 4점이라고 했다. 사업계획서의 충실함에 비하면 의외의 낮은 점수를 매겼다고 생각했다. 나는 바로 부족한 6점에 관해 이야기를 시작했다. 2~3시간의 대화 이후 코칭 포인트를 잡을 수 있었다.

우선 고객 세분화를 전혀 하지 않고 있었다. 잠재 위험군 전체를 고객으로 잡고 있어서 론칭할 목표 시장이 모호할 수밖에 없는 상태였다. 연령과 지역, 특정 질병군 등으로 선택하고 집중하여

보다 세분화된 고객층을 대상으로 기술력의 경쟁 우위를 증명할 필요가 있었다. 이어 피치덱의 스토리라인을 교정했는데 거점 시장으로 지역 내 상급 병원 10%를 설정해 시장 진입 가능성을 제시했다. 그리고 축소된 시장 포지셔닝을 통해 현재 확보한 기술경쟁력으로 달성 가능한 기대수익률을 어필하는 방식, 즉 시장성 어필 중심의 피칭 전략을 수립할 수 있었다.

그들, 투자자(고객)들이 우리 사업에
투자 관심을 보이는 이유는 무엇인가?

투자자가 왜 우리 사업에 관심을 보이는가를 고민하는 이유는 다음과 같다. 첫째, 근거 지표를 갖고 있는지 스스로 확인하고자 함이다. 둘째, 그동안 투자 유치를 준비하는 과정에서 투자자를 얼마나 잘 이해하고 있는지에 대한 확인 작업이다. 우리는 투자자의 비즈니스 모델을 이해할 필요가 있다. 스타트업의 비즈니스 모델이 있듯이 투자사 역시 돈을 버는 방법을 갖고 있다.

일반적으로 벤처캐피탈(VC)은 성장 가능성이 높은 초기 기업 또는 저평가된 기업의 미래 가치에 대한 현재 가치를 환산한 금액으로 투자한다. 이후 목표한 성장 시점에서 투자금을 회수하는 과정을 거치며 차액을 얻는 구조이다. 그러므로 기업에 투자하는 행위 자체는 미래 가치와 현재 가치 사이의 갭Gap, 즉 리스크와 기대수익률의 반비례 관계로 작동할 수밖에 없다. 분모인 리스크의 크기와 분자인 기대수익률의 크기로 투자 판단이 이루어진다. 적어도 리스크의 크기 대비 기대수익률의 크기가 같거나 작은 경우라면 투자할 사람은 한 사람도 없을 것이다.

투자 자문이나 멘토링, 코칭을 전개하는 과정에서 창업자의 사업 아이템이 가진 투자 리스크는 무엇이고 투자자에게는 얼마만큼의 불안 요소로 작용할 것인지 충분히 파악하고 코칭에 임해야 한다. 투자 리스크에 대한 불안 요소를 피칭이나 피치덱에 충분하게 반영하지 못하게 되면 투자 유치 가능성은 작아질 수밖에 없다. 투자자가 바라는 기대수익률보다 투자 리스크의 불안을 해소하는 근거 지표와 피칭 스토리텔링이 다시 한번 중요해지는 대목이다.

투자자의 관심 포인트를 어디에 둘지는 피칭 전략에 따라 다르다. 제품이나 서비스 자체보다는 투자 리스크의 불안 요소를 해소하는 것이 효과적이다. 결국 투자 제안서는 투자의 수익, 투자 판단에 작용하는 리스크와 기대수익률이 가장 중요한 내용이다.

나의 피칭 코칭은 리스크와 기대수익에 관한 지표의 교정과 재구성을 요구하는 경우가 많다. 제품과 시장성 그리고 CEO와 실행 리스크가 교정되는 주요 포인트이다. 기대수익률은 시장의 확장성과 함께 작은 수익이라도 지속성을 갖추고 미래 수익의 크기를 가늠할 지표와 스토리라인으로 재구성해야 한다.

우리가 '투자를 받았다!'는 것은?

투자를 받았다는 것은 이제 막 창업을 시작한 3년 미만의 초기 스타트업에게 무엇을 의미하는가. 투자 유치는 결코 사업의 성공을 의미하지 않는다. 이 질문은 창업자에게 투자 유치라는 과정이 이루고자 하는 창업의 목표와 같은지에 대한 물음이다. 이를 통해 스스로 창업 성공의 본질적 가치를 되새길 수 있게 한다.

얼마 전 지방의 한 창조경제혁신센터에서 피치덱 코칭을 할 때의 일이다. 단기간의 교육 코칭으로 피치덱의 교정에서부터 피칭 스토리텔링 스킬을 개선해주는 것이 교육 목표였다. 방식은 그룹 코칭에 이은 상호 코칭으로 진행했다. 1:1로 하는 밀착 코칭과 달리 그룹 코칭은 참여 기업 간의 상호 코칭이 함께 이루어지기 때문에 자연스럽게 서로 비교하게 된다. 이 코칭 세션에 참여한 4개 팀 중 1팀은 이미 Pre-A 시리즈 투자 유치에 성공한 팀이었다. 투자 유치에 성공한 팀의 회사 소개 시간이 지나고 나머지 3개 팀의 분위기가 달라졌다. 부러워하고 있었다. 사업화 성공 여부를 투자 유치 하나만으로 설명하기에는 무리가 있음을 깨닫게 해주는 것이 필요했다.

투자를 받기 위해 창업을 한 게 아니라면, 실은 투자자를 쫓아다닐 것이 아니라 지금이라도 당장 시장에서 고객을 만나는 게 정답일 것이다. 자금의 조달 방법은 투자자의 돈만 있는 게 아니다. 은행의 대출금이 더욱 수월할 수 있다. 또 투자자의 요구 사항과 비위를 맞추기 위해 시간과 노력을 들일 필요도 없다. 그런데도 사업의 파트너로서, 후원자로서, 조력자로서 투자자는 역할을 하고 있다. 사업화 성공으로 가는 과정에서 투자에 관한 생각을 어떻게 잡을 것인가는 반드시 짚고 넘어가야 한다.

이 책을 읽고 있는 비즈니스 코치들에게

피치덱을 코칭하는 비즈니스 코치로서의 가장 중요한 역할은 코치이가 개선사항이 무엇인지를 스스로 깨닫는 것이라고 생각한다. 코치는 적절한 질문과 피드백을 통해 피치덱의 방향을 올바르게 잡아가도록 만들 수 있다. 최대한 열린 질문과 피드백을 주고받으면서 스타트업이 갖춘 핵심 자원과 투자 가치를 발견해내고 이를 피칭 스토리텔링을 반영하도록 도와야 한다.

최근 3개월간 30여 개의 초기 스타트업을 대상으로 투자 자문과 CPST 피칭 스토리텔링의 교정 코칭을 진행했다. 창업자와 주고받은 주요 질문들과 함께 고민한 이슈에 대한 피드백 내용을 되돌아봤다. 주로 피치덱의 스토리라인을 잡아주는 목적의 코칭 세션이 지배적이었다. 창업 초기 투자 유치 활동을 시작하는 단계에서 대부분의 창업자는 피치덱에 대한 이해가 부족하다. 정부 지원 사업에 제출한 사업계획서만 보유한 경우가 많다. 사업계획서는 회사 소개서와 제품 브로셔 용도의 문서로, 투자 제안용 문서인 피치덱의 내용과 형식이 다르다. 피피덱을 준비했더라도 투자자가 궁금해하는 투자 지표 중심으로 피치덱 스토리라인 재구성이 요구되는 경우가 많다는 것을 기억해야 한다.

시장 진입은 물론 사업의 성장 가능성에 대한 객관적 근거, 견인 지표Traction 설계에 대한 가이드를 반드시 챙겨야 한다. 시장의 규모와 성장 속도감을 어필하는 전개가 필요한데, 피치덱의 개별 장표를 한눈에 들어오는 지표(숫자)로 재구성하는 시각화 작업이 필수다. 또 코치는 피치덱의 용도를 이해하고 읽는 대상이 투자자임을 피치덱에 반영하고 있는지, 고객에 대해 제대로 정의하고 있는지, 해결하고자 하는 문제에 시장성이 있는지 확인해야 한다.

마지막으로 피치덱을 위한 스토리라인을 만들 때 코치의 공감 능력을 충분히 활용하기를 바란다. 코치는 때로는 고객이 되고 때로는 투자자가 되어 봐야 한다. 고객이 만나는 문제를 끌어낼 때는 고객이 되고, 해결책의 규모와 타당성·확장성에 대한 지표를 점검할 때는 투자자의 눈을 가져야 한다. 물론 코치이, 창업가의 입장도 되어 봐야 한다. 창업가는 이미 그 사업에 대해 가장 잘 알고 있는 사람이다. 비즈니스에 조언을 얹기보다 현재에 매몰되어 돌아보지 못하는 자원을 함께 발견하고 지표화하는 것 역시 코치의 역할이다.

창업가의 첫걸음과 함께하는 것은 설레는 일이다. 그리고 그만큼 책임감도 강해진다. 잠깐의 작전 타임, 마운드에서 외롭게 싸우고 있는 투수를 만나러 뛰어가는 코치의 마음처럼. 피칭 코칭이 창업가가 가지고 있는 마음의 무게를 잠깐이나마 덜어줄 수 있기를 바란다.

코어피칭연구회
www.corepitching.com

이 책의 공동저자인 백상훈, 김유진이 주축이 되어 2022년 2월에 결성된 코어피칭연구회는 시드투자자, AC, 비즈니스코치들로 구성된 스타트업 투자 유치 활동을 돕는 전문가 그룹이다. 초기 스타트업의 성공적인 피칭을 위한 스토리텔링 방법론의 심층연구를 진행한다. 이를 통해 초기 스타트업의 미래 가치를 발견하고 투자 유치 가능성을 도모한다.

연구회는 성장 가능성이 높은 초기 스타트업을 초대하여 창업자의 고민을 나누고 성장 모멘텀을 함께 만들어 가는 〈피칭살롱〉을 매달 운영하고 있다. 〈피칭살롱〉은 스타트업에게 의미 있는 투자 유치 성과를 만들어 가는 피칭 스토리텔링 파트너로 자리매김하고 있다.

김경덕 K.Duck KIM
경일대학교 상경학부(경영학전공)와 LINC3.0 사업단 전임교수 및 코어피칭연구회 코치로 활동하고 있다. 영화 데이터베이스 스타트업을 엑싯한 경험으로 영화전문기자와 매일신문사 뉴미디어국 PM, 중소벤처기업진흥공단 전문위원, 경북대학교 초빙교수, 대구디지털혁신진흥원 본부장 등을 역임했으며, ICT 분야 비즈니스 모델 기획과 유망 콘텐츠 스타트업을 발굴하고 사업화 및 투자 유치를 지원하는 일에 주력하고 있다.

김태헌 TaeHeon KIM
솔루션업그레이드 대표로 활동하고 있으며, OTP를 활용한 핀테크 스타트업의 기획 팀장을 겸하고 있다. 약 15년 간 IT 업계에서 계속 몸 담아 왔으며, 리걸테크 서비스 '로어드민'으로 창업하였다. 초기 스타트업이 간과하는 세부적인 포인트에 집중하고 있으며 이를 통해서 비즈니스 모델 체크, 프로덕트 마켓 핏, 기타 운영 전반에 초점을 두고 지원하려고 노력한다.

박종한 Daniel Park
후시파트너스의 상무이자 코어피칭연구회 코치로 활동하고 있다. 서울랜드 온오프라인 마케팅과 원익에서 CRM, 헬스케어 마케팅, 사업화를 담당하였다. 사업화 지원 스타트업의 상장 이후 창업진흥원, 한국생산성본부, 한국관광공사, 중소벤처기업진흥공단 등의 전문위원으로 심사 평가와 컨설팅에 참여하고 있으며, 스타트업의 미래를 위한 액셀러레이팅과 투자 유치를 위해 노력 중이다.

서소헌 Sohun Seo
발견과이음 대표이자 코어피칭연구회 코치 및 바이오 스타트업의 이사로 활동하고 있다. 금융기관, 글로벌 공학 연구소 등에서 근무하였고, US CPA 합격 및 미국에서 창업을 경험하였다. 교육과 코칭을 통해 고객이 비즈니스와 커리어영역에서 새로운 관점과 명료함을 발견하도록 지원하고, 이것을 지속 가능한 성장 및 성과와 연결되도록 촉진하는 일에 힘쓰고 있다.

안제성 Jeasung AHN
코어피칭연구회 코치. 액셀러레이터 파트너사들과 스타트업 액셀러레이터, 컴퍼니빌더로 활동하고 있다. 스타트업 관련 진흥원/협회, 대학 창업지원단/산학협력단, 정부 도시재생 부서, 민간 중견기업/대기업 오픈이노베이션 부서 등에서 창업자 및 창업생태계 이해관계자들과 뜻깊은 인연을 맺으며 함께 호흡하고 있다. 특히, 성장 가능성이 있는 스타트업 기업들과 사업 고도화를 목표로 매출증대 및 투자 유치하는 일에 매진하고 있다.

이현이 hyunie Lee
(주)히카(HICA)의 대표이자 코어피칭연구회 코치로 활동하고 있다. 콘텐츠 기획 및 교육 서비스 분야의 스타트업을 경영하며 실제로 스타트업이 현장에서 겪게 되는 다양한 문제점에 대해서 깊이 공감하고, 현실적인 대안을 발견하여 해결할 수 있도록 지원하고 있다.

이제희 Jay Lee
창업교육 및 멘토링을 전문으로 하는 인투스타트업 대표이자 기업성장데이터랩 이사로 순천향대, 의왕시 창업센터 입주기업의 진단 및 컨설팅을 담당하고 있다. OTT 게이트웨이 서비스 '키노라이츠'를 발굴한 1호 투자자이다. 현재 스타트업의 비즈니스 모델 구조화 및 전문가와 협업으로 경영 전반 초기 세팅으로 실패할 확률을 낮추는 것에 초점을 맞추어 활동 중이다.

한정현 Gemma HAN
비즈니스와 커리어의 창의성을 연구하는 인사이더박스 대표이자 코어피칭연구회 소속 코치이다. '틀 안에서 생각하기(Thinking inside the box)'의 관점으로 스타트업이 이미 가지고 있는 자원과 이야기를 관찰과 질문을 통해 함께 발견하고, 최상의 비즈니스 성과로 연결될 수 있도록 돕고 있다. 스타트업 코치 양성 과정인 문화창업플래너의 기획과 운영을 담당한 바 있으며, 서울창조경제혁신센터, 강원창조경제혁신센터, 데이터산업진흥원, 경북청년창업사관학교 등과 함께 기업 진단, IR 코칭, IR 심사를 수행하는 등 초기 창업 기업을 위한 교육과 코칭에 힘쓰고 있다.

황태욱 Edward Hwang
컨설팅회사 인솔루션 대표이다. 건국대학교에서 컴퓨터공학 학사, 석사를 졸업했고 금오공과대학교 컨설팅 박사과정을 수료했다. 한국정보화진흥원에서 5년간 연구원으로 근무하고 이후 다양한 IT 회사와 베트남 게임회사에서 개발, 기획, PM, 사업개발, 컨설팅 역할을 수행했다. 2013년부터 창업 및 정부 과제 컨설팅을 진행하고 있다. 계명대학교에서 컴퓨터 관련 강의를 하고 있다.